圆梦北大

中学学科进阶

北京大学招生办公室 组织编写

黄宗英 主编

北京大学出版社
PEKING UNIVERSITY PRESS

图书在版编目（CIP）数据

圆梦北大：中学学科进阶 / 黄宗英主编. —北京：北京大学出版社，2023.9
（梦想北大丛书）
ISBN 978-7-301-34340-1

Ⅰ.①圆…　Ⅱ.①黄…　Ⅲ.①中学生–学习方法　Ⅳ.①G632.46

中国国家版本馆CIP数据核字〔2023〕第165208号

书　　　　名	圆梦北大：中学学科进阶	
	YUANMENG BEIDA：ZHONGXUE XUEKE JINJIE	
著作责任者	黄宗英　主编	
责 任 编 辑	胡　媚	
标 准 书 号	ISBN 978-7-301-34340-1	
出 版 发 行	北京大学出版社	
地　　　　址	北京市海淀区成府路205 号　100871	
网　　　　址	http://www.pup.cn	
新 浪 微 博	@北京大学出版社	
电 子 邮 箱	编辑部 zyjy@pup.cn　　总编室 zpup@pup.cn	
电　　　　话	邮购部010–62752015　发行部010–62750672	
	编辑部010–62704142	
印 　刷 　者	三河市北燕印装有限公司	
经 　销 　者	新华书店	
	650毫米×980毫米　16开本　13.25印张　180千字	
	2023年9月第1版　2023年9月第1次印刷	
定　　　　价	54.00元	

编　委　会

序　言

  大学是人类文明的灯塔。1898 年，北京大学的前身——京师大学堂成立于救国图存的变革中，标志着中国现代大学制度的诞生；一百多年前，北京大学成为新文化运动与五四运动的中心与策源地。从此，北大就与国家和民族的命运紧密相连。正如美国哈佛大学教授杜维明先生所说："作为文化中国的象征，其实北京大学早已成为了世界一流大学。因为世界上再也找不到任何一个国家的任何一所大学，能够像北京大学这样和国家、民族的命运结合得如此紧密，息息相关。北大对于中国的意义远远超过了哈佛之于美国、牛津与剑桥之于英国的意义。"一代代北大人不忘初心，牢记使命，用思想和行动投身于国家发展、民族复兴、社会进步的历史伟业。

  一时有一时的趋向，一校有一校的风尚。无论时空如何变迁，对于一所大学而言，精神、文化和人格所构成的学校传统都是不变的。北大是极广大的，她开放包容，连接着民族的过去和未来，沟通着中国与世界，展现出海纳百川的气度。每个在此学习的青年都能找到适合自己发展的方向和路径，开辟出崭新的人生境界，书写出属于自己的北大传奇。建校一百多年来，北大在国家的独立和解放、民族的振兴和发展、科学技术的进步以及思想文化的创新中所起到的先锋和引领作用，使她的象征意义远远超出了一所为社会培养人才的高等学府，更作为中国知识分子的精神家园而独具一种让人魂牵梦萦的魅力。这种魅力每年吸引着全国高考选拔中脱颖而出的佼佼者，他们胸怀梦想，筑梦燕园，通过奋力拼搏，最终梦圆北大。

  "梦想北大丛书"始于 2008 年，它收录的所有文章正是由这些即将踏入燕园寻梦的优秀高中毕业生及他们的家长所写。这些文章或畅谈自己的"筑梦之旅"，体现了莘莘学子对北大的热烈向往和不懈追求；或介绍自己独特的学习习惯和学习方法，展现自己的"超强学习力"；或介绍中学各个学科的学习思路、备考技巧、提分策略等，轻松实现学科进阶；或由这些学生的父母介绍自己倾情陪伴、身教言传的教养经验——孩子考上名校并非偶然，有心的父母才能教育出优秀的孩子。孩子们在文章中述说青春人生的积极感悟，求学道路上的种种艰辛。他们感恩父母，感恩老师，感恩眼前蓬勃的生活，感恩脚下丰厚的热土。这些文章稚嫩中饱含着真情，平实处又不乏精彩。家长们则在文章中尽情地传授各种成功的家教秘籍。

北大是筑梦之地，她能激发你的潜能，启发你的天赋，把你推向梦想实现的命运高峰。但大学对人的塑造绝不仅仅在于知识的传授，更在于文化的传承和精神的传递。北大不仅拥有顶尖的师资、众多一流的学科和美丽的校园，更拥有兼容并包、自由多元的校园文化氛围，她有能力为你的人格完善和个性发展提供最广阔的空间，帮助你成为一个有责任、有灵魂、有智识、有品格的人。

百余年来，北大历经风雨，但"爱国、进步、民主、科学"的传统从未因时光的磨砺而褪色。来到北大，每个人都会感到肩上多了一份沉甸甸的担子，那就是民族的振兴与国家的昌盛。在这里，民主与科学作为不熄的火炬，引领着同学们的学习与成长，也激励着同学们将它发扬光大，并传播开来，传递下去。

亲爱的同学们，美丽的燕园正盼望着你们的到来，盼望着你们自豪地接过这支火炬！

"梦想北大丛书"编委会

本书配套资源

为了让读者进一步了解北大学子的学习生活，我们收集了读者感兴趣的热点问题，录制了相关视频，扫描右侧二维码即可观看。本书采用"一书一码"的形式，相关资源仅供一个人使用。

读者可加入"筑梦燕园学习交流群"（QQ群号：562571128），与同学们沟通交流。

圆梦北大
中学学科进阶
请刮开后扫描获取本书资源
本码2028年12月31日前有效

目 录

「语 文 篇」

　　语文作为我最喜欢的学科，不仅伴我走过了埋首书香的美好岁月，也成为我考试取胜的一大法宝。在此，我把我高中三年学习语文的经验分享给读者朋友。

　　自我们牙牙学语起，阅读与写作便是我们学习语文最基础之方法。然而，方法错误，地基不固，摇摇欲坠，所见文字闭眼即散，所读文章不得要领，所闻言语转头遗忘，自然难得学习之要领。经过多年的学习，笔者在阅读与写作上亦有些许方法，以下，笔者将从这两个方面分享一些经验，希望能对广大学子有所帮助。

　　高中语文和初中语文相比，有更强的灵活性，更加考查语文素养。从新课改的基本趋势来看，新高考更加注重对语言建构与运用、思维发展与提升、审美鉴赏与创造、文化传承与理解四种核心素养的考查。语文能力的培养，除了源于日常生活中的阅读和思考，还要充分把握课堂上和课后理解、思考的机会。同时，由于新教材的使用，教材的重要性进一步得到提升。下面，我将从日常积累和高考题型分析两个方面与大家简要分享我在高中阶段学习语文的一些经验。

　　我高一刚入学时语文成绩在90分上下浮动，高考语文得了124分。或许，这个分数对一些十分擅长语文学科的同学而言并不算什么，但对于很多像我一样语文考试分数开始并没有那么理想的同学，这个分数是很难得的了。因此，我想针对高考语文，以自己亲身经历分享一些经验。

「数　学　篇」

　　作为一名文科生，我喜欢泛舟于古文之海，探索文言字词的奥秘；也喜欢深入厚重的历史，感悟文化的奥妙。但是相较于这些，我更喜欢充满了数与形的智慧的数学，也因此被大家视为有些"非传统"。我很乐意与大家分享我的数学学习经验。

　　马克思曾说："一种科学只有在成功地运用数学时，才算达到了真正完善的地步。"的确，数学虽是一门基础学科、工具学科，但它的魅力也正在于此。历史上，有不计其数的数学家为了数学而痴狂，用数学写下万千个令人动容的浪漫故事，也有无数人困扰于数学的纷繁复杂。就是这样一个令人又爱又恨的学科，却与我结下了不解之缘，也让我自信而愉悦地写下如下心得与经验。

如今，新高考中对数学开始实行文理同卷，这对我们更有挑战，但并非没有应对之道，笔者在此结合个人经历分享一些学习数学的经验。

先说一个励志的故事：在高二上学期的一次数学测验中，我考了 66 分，后来了解到这是一份高三的周测题。心急如焚的我买了本数学习题册，坚持每天完成一个章节，日复一日的坚持练习，数学便从弱项变成了强项。在此过程中形成的理性思维也助我摸索出了一套独特的学习方法，我也很幸运，高考数学取得 146 分。

到了高一的下学期，我阅读了一些竞赛相关的经典教程，并且做了十多套联赛题，对数学竞赛最基本的思路有了一些把握。在高二，我第一次拿到省一等奖。此后，我又以"刷题为主，阅读竞赛书和大学教材为辅"的思路学习竞赛，高三时我进入省队并取得银牌。我感觉这个过程虽然有些许困难却充满乐趣，可以算作一个小小的成功。

作为一名成功通过高考进入北京大学的学生，我虽然以往在年级中的成绩并不算特别优秀，但也算是通过自己的努力跨入了梦想中的大学。在此，我分享一些自己学习数学的经验与教训，供大家参考。希望大家在高考这条路上走得更顺、更直，能够走向梦想，走进理想的大学。

「英　语　篇」

许多人在阅读《福尔摩斯探案集》时总会为福尔摩斯那构思精巧、宏伟浩大的记忆宫殿所折服，艳羡于其将记忆存储、整理于脑中的宫殿，于某种程度上将大脑升级为精密化的仪器，将记忆的存储与提取变成格式化且细密的工程的高超能力。彼时阅读，却不想一朝高考完回首反观，我对于记忆宫殿的探索，已然有了新的感悟。而我的记忆宫殿，在我的英语学科学习方面，让我受益良多，便在此以其为例着重阐述。

英语在许多人眼里，是一门令人头疼的科目，单词难记忆，长难句仿若天书……笔者认为，英语学习不可一日无功，英语素养的提升不是一蹴而就，而源于每天的付出，只要遵循正确的学习方法，踏踏实实努力，就能提高英语能力。

回望历史，巨人们的丰功伟绩，离不开"开眼看世界"；展望未来，任何想在"地球村"上跻身精英行列的人，都离不开对国际语言的熟练使用。在我国如今的教育体制下，英语既可以是毁灭梦想的拦路虎，又可以是助力登天的"筋斗云"。作为一个与英语"相爱相杀"一路走来的"English holic（英语痴）"，我愿意将自己学习英语的一些方法分享给大家。

「文　综　篇」

如今的我终于圆梦北大，开启了在巍巍博雅塔下、融融未名湖边求学问道的新旅程。回想高中三年，有笑有泪，有苦有乐，而很多记忆片段都与政治这门学科相关，毕竟，这是我最感兴趣也最擅长的学科。那么关于如何学好政治，我也有一些自己的见解。

在揭开人生新篇章之际，我想将自己独特的历史学习经验和方法分享给学弟学妹，希望在助力他们高考的同时，也能将我对历史的这一份热爱传递给他们。

我一般把选择题归为三大类：考查史实类，考查逻辑类，考查历史素养类。考查史实类的选择题通常就是立足于某一个关键历史事件或几个历史事件的相互关联部分出题的。

在庚子年的夏天，我结束了高中时光。我很开心也十分荣幸能以北大学姐的身份向学弟学妹们分享我亲测有效的学习经验和方法。作为一个文科生，下面我将介绍我学习地理学科的一些方法。

我有幸考入北京大学，有人问我有什么好的经验可介绍。我自认为，在高中三年，除了勤奋努力，好的学习方法和学习习惯也十分重要。找到好的学习方法，养成好的学习习惯，便能事半功倍。在这里，我想将自己文综方面的一些学习体会写下，分享给大家，希望对大家有所帮助。

「理　综　篇」

时光飞逝，转眼间高中三年已经在汗水与泪水中悄然流走。如今，我坐在未名湖畔，回忆高中这段浸透了汗水的时光，似与老友交谈。我有幸通过强基计划被北京大学信息科学技术学院应用物理学专业录取，大学四年又将与物理为伴，特于今日回忆高中阶段物理学科的学习历程，将学习过程中的一些心得分享给大家。

我在高中化学竞赛的学习过程中，由于要阅读很多书籍和完成大量的习题，也时常会产生厌学的情绪，持续时间少则几个小时，多则一周左右。要打破上述的恶性循环，我们首先要调节自己的情绪，即要时刻对自己保持信心，通过不断鼓舞自己来调节自己的状态和情绪。

高中学科门类非常丰富，学科知识与思维也各有不同。因此，为了防止谈论过多空泛的大道理，我选择生物这门学科，结合高三这个特殊的学年，进行较为具体的经验分享。

不久之后，我们学校的生物竞赛教练付老师就找我，问我想不想改走生物竞赛的路。他说了两件事。第一，我初赛表现不错，对于一个没竞赛基础的学生来说可以算超常发挥了。第二，生物这门学科在学什么？小到原子分子，大到生物圈与地球。都说物理是从粒子到宇宙，其实生物何尝不是。前者其实我多少已经预料到了，后者竟然深入了我的心里。我再也忘不掉生物了。

语 文 篇

语文篇

语文学习：零存整取、细水长流

🎓 **学生姓名：** 赵晨翼

🏛 **录取院系：** 外国语学院

🏛 **毕业中学：** 河南省沁阳市第一中学

⭐ **获奖信息：** 第 14 届全国中学生创新作文大赛特等奖

　　语文作为我最喜欢的学科，不仅伴我走过了埋首书香的美好岁月，也成为我考试取胜的一大法宝。在此，我把我高中三年学习语文的经验分享给读者朋友。

语文学习的重要性

　　作为 150 分的大科，语文的重要性是不言而喻的。在我看来，语文对于文科的同学真的非常重要，不仅因为它是分值高的主科，而且它有着极强的辐射能力——语文如果真的学好了，你的理解能力、语言组织能力等一系列能力都会得到提升，对于学习其他科目也有很大的帮助。我在高中学习阶段，这样的感受就非常深：语文成绩提高后，写文综时审题能力更强，答题要点抓得更准，组织的答案语言简练有序。

　　总而言之，其实也就一句话：是时候放下对"花大量时间、精力学语文没用"等观念了，如果你想在高考中拔尖，语文是你绕不过去的坎。

　　当然，不可否认，语文学习是零存整取、细水长流的活，性价比在语、数、英三科之中最低。我也不建议盲目安排很多语文的课外补习，语文成绩的提升在于坚持不懈的积累。所以，我的第一条建议就是：摆正自己对语文的态度。我们要认真背好每一个文言字词、成语、文化常识，认真研究病句，积累素材，把平时该做的都做好，在老师的引领下踏踏实实地向前走。

如何对待试卷？

接下来，我将针对高考语文试卷的题型更加详细地介绍我积累的一些技巧与方法，总方针为：榨干自己做过的每一张试卷。

每次考试结束后，我都会尽快对答案（可能有的同学不愿意对答案，其实对答案也是一个再次熟悉自己卷子的过程）。但对答案不是简单地看看正确选项就可以了。语文考试后，我会把每一道题的解析都看一遍，前五道选择题可能会出现选对了但理由和答案不一样的情况，看看规范解析有助于我们形成正确的阅读现代文的思维。时间长了，一看题干就能抓住它的考点在哪里，会在哪里设问。

对于第六道题，要看答案组织的逻辑，对照原文圈出关键词，我会用红笔画出原文中与答案对应的语句，这样一眼望去就会很清晰地看到材料的哪一部分是有用的。

对于小说或散文，我们应重阅读、轻做题，做题是为了培养我们的阅读理解能力，更准确地理解和赏析文本，本质上还是为了阅读。对于一篇文章，我们要真正理解了才能放过，答案必须看解析，必须回到原文反复对照，画出关键句、关键词，培养自己良好的阅读习惯。

对于文言文，在第一遍做题时养成随时圈画自己不理解的、觉得重要的字词的习惯。在答案发下来之后，一定要对照翻译把文言文至少通读一遍，重点看自己不理解的词语和句子，时间一长，我们的语感和词汇量就提升了。等到老师开始评讲文言文，就相当于我们开始第二次学习这篇文章了。

对于诗歌，最重要的是读懂。建议大家如果有空闲时间，可以把每次做题遇到的诗歌记下来，等回家或可以用电脑时，上"古诗文网"查一查它的翻译解析、作者生平等。坚持这样做下来，我们的诗歌鉴赏能力会有很大提升！买一本《唐诗鉴赏辞典》也很好，多翻一翻，看看人家是怎么解析诗歌并进行赏析的。当然，上述两个方法的前提是有不错的诗歌基础。如果诗歌的类别、表现手法、修辞等都没完全弄明白的同学，建议更偏重夯实基础，同时兼顾赏析和理解。

对于古诗文，背诵并做题就可以了，这是送分题，一定不要失分！建议大家考前再把古诗词翻一遍，用一张纸把自己认为可能写错的字词写下来，多看多联想。

积累素材

一、如何积累素材？

接下来，我想重点讲一讲我是如何积累素材的，至于如何写作文（审题、破题、答题组织语言）不太好讲，最关键的还是要我们自己探索，形成自己的风格。

1. 素材分类

积累素材要给素材分类，可以按照国别和时间分出古今中外，可以分成团体、个人，可以分成人物和事件，可以按照主题分成爱国、青年担当、美育、体育等，可以按照人物身份分成政治、经济、文化，可以分成正面教材和反面教材（最好对比使用）……以主题为大框架，以其他分类标准为小框架进行分类。

2. 素材的多样化

积累的素材必须多样化，有当下热点也有历久弥新的经典；人物素材应涉及各界人士，而不是通篇都是同一类型的人物。要让阅卷老师在阅读你的作文时有一种你知识渊博、涉猎广泛、家事国事天下事事事关心的感觉，而不是一味地用"臭"几个人物。我们如果想让作文有新意不仅可以在举例论证时列举一些小众人物的事迹，还可以列举大众熟知名人的鲜为人知的一面，但这就要求我们在积累人物素材时讲究策略：我们可以结合自己的兴趣和需求选择几个重点人物，但对人物的各个方面都了解透彻。比如，我们选择了袁隆平爷爷，除了了解大众都熟知的他在科研方面的成就外，还可以了解他的性格等，尽可能地关注他的不同侧面，这样可以将积累的素材运用于不同主题的写作中，提高新意的同时，也降低了某个主题的作文没素材写的风险。再比如，大家都会举例袁隆平爷爷经过奋斗、不忘初心培育杂交水稻，这用烂了，难有新意。但写美育类作文时写袁隆平爷爷工作之余爱好拉小提琴，那就不一样了。

3. 值得积累的素材

我将从词语、句子、段落、文章几个方面具体讲解哪些是值得积累的素材。

（1）词语

值得积累的词语有：对文章的行进起到提示和调整的词，如"反观当下""无独有偶""揆诸当下"等；显得文章高端大气的词，如"切中肯綮""蝶变""信息茧房"等；彰显文采的词，如"中流击水，奋楫而行""砺山带河""光照千秋""同力协契"等。除此之外，也可以适量积累一些生僻的词，如"葳蕤"。但需要注意的是，在文章使用较为生僻的词时，一要注意它们的分布不能太过集中；二要注意最多不能超过四个，四个之外就嫌多了，影响老师的阅卷体验。

（2）句子

积累好用的万金油句子，最好换几个词就能套用，如"但问少年郎，何不持（ ），而行人世间？"还需要积累一些一针见血的观点句，建议多看看、多揣摩鲁迅先生的文章，重点学习他是如何分析问题和阐释问题的，学习先生深邃的思想和鞭辟入里的说理；另外需要积累支撑论证的句式，比如"试问如果没有……又何来……？"（假设论证），"当……我们需要……"（此处可铺排）。

（3）段落

积累一些精彩的论证说理的文段，学习人家的思路和文气。

（4）文章

积累至少十篇高考满分作文，除了学习文章中的词、句、段之外，还要学习满分作文是如何写开头结尾、如何安排段与段之间的逻辑。积累至少五篇经典时评，学习其中论证说理的思路。

4. 积累素材的时间安排

不建议专门花一节自习课的时间积累素材。我的素材都是在下课、放学见缝插针一点一点攒起来的，还有一部分在假期整理完成，基本不花自习课的宝贵时间。当然，也会有特别缺素材的时候，这时才会腾出自习课的时间来积累素材。

5. 素材积累多 ≠ 作文写得好

毫无疑问的是，当某一主题的素材积累到了一定量，我们必须进行练习，练就写作文的手感。我是在高二下学期每天中午吃完饭后，花三十分钟完成四百字的练笔。我练习时，尽可能翻出自己积累的这一主题的素材，把能用的好词、好句全集中到四百字的段落里，成为一个难以超越的"模板"，这个练习的过程会锻炼我们对于素材的取舍和组织能力，当在考场上遇到相关主题时，可以迅速调用，十分方便！需要强调的是，一定要坚持练习！

最后，想告诉读者朋友，语文的学习细水长流，它不仅直接影响我们高中三年的成绩，也会浸润我们未来多年的人生。当我们望向课本，看到那些令人头痛的"文言文"和"周树人"时，是否有一刻会想：这些人、这些事，都曾在某个时空中真实地、生动地存在过、发生过，波澜壮阔而令人落泪。学语文和创作一首诗歌的过程是类似的，我们必须一步步探索，一字字推敲，所以最后送各位一句话：诗句的产生源于下一次尝试！大家就怀着这样的敬畏和感动，尽情享受学习语文的过程吧！

☼ *TIPS*

❶ 不建议盲目安排很多语文的课外补习，语文成绩的提升在于日日不懈的积累。

❷ 认真背好每一个文言字词、成语、文化常识，认真研究病句，积累素材，把平时该做的都做好，在老师的引领下踏踏实实地向前走。

❸ 语文考试后，我会把每一道题的解析都看一遍，看看规范解析有助于我们养成正确的阅读现代文的思维。

❹ 对于第六道题，要看答案组织的逻辑，对照原文圈出关键词，我会用红笔画出原文中与答案对应的语句。

❺ 对于小说或散文，我们应重阅读、轻做题。我们要真正理解了才能放过，答案必须看解析，必须回到原文反复对照，画出关键句、关键词，培养自己良好的阅读习惯。

❻ 对于文言文，在第一遍做题时养成随时圈画自己不理解的、觉得重要的字词的习惯。在答案发下来之后，一定要对照翻译把文言文至少通读一遍，重点看自己不理解的词语和句子。

❼ 对于诗歌，最重要的是读懂。基础好的同学，可以把每次做题遇到的诗歌记下来，等回家或可以用电脑时，上"古诗文网"查一查它的翻译解析、作者生平等。如果诗歌的类别、表现手法、修辞等都没完全搞懂的同学，建议更偏重夯实基础，同时兼顾赏析和理解。

❽ 积累素材要给素材分类；积累的素材必须多样化；建议利用空闲时间积累素材。

❾ 当某一主题的素材积累到了一定量，我们必须进行练习，练就写作文的手感。

2

阅读与写作经验分享

学生姓名：郭祺

录取院系：物理学院

毕业中学：香港道教联合会圆玄学院第二中学

自我们牙牙学语起，阅读与写作便是我们学习语文最基础之方法。然而，方法错误，地基不固，摇摇欲坠，所见文字闭眼即散，所读文章不得要领，所闻言语转头遗忘，自然难得学习之要领。经过多年的学习，笔者在阅读与写作上亦有些许方法，以下，笔者将从这两个方面分享一些经验，希望能对广大学子有所帮助。

阅　　读

"有效阅读，勤加思考"是笔者阅读的方法。相信有不少同学当问及老师如何学好语文时，往往会得到"看书"这一答案，但对于读什么、怎么读、怎么用则没有一个较为清晰的方法。

一、阅读对象

我们先来聊聊读什么。笔者认为诸子百家作品、史评、人物传记、名家小说与散文等是较适合中学生阅读的，如《写在人生边上》（钱锺书）、《逍遥游》（余光中）、《雅舍小品》（梁实秋）、《封神演义》（许仲琳）、《古文观止》（吴楚材、吴调侯）等。一方面它们可以增加我们的见识，如《古文观止》虽生涩难懂，但对文言文学习大有裨益；另一方面它们也能够提升我们对文字的感知力。就考试的文章而言，它们背后或多或少带有哲学思考。因此，能够抽离文字的表面用哲学的思维方式思考以看透文章基调几乎是每位中学生必备的能力，而哲学的思维方式是可以从阅读适合的书籍中而获得的。

据本人所知，不少同学自少年时便对中哲或西哲富有兴趣，于是便阅读甚至钻研相关作品。以本人拙见，这其中当有其好处，但切不可沉迷其中，原因之一是哲学思考往往占据大量时间，对于讲究时间就是金钱的高中生而言阅读此类作品时间成本过高；原因之二是哲学之精妙深奥对于我们大部分人而言是难以驾驭的，在考试中随意引用其中的语句很可能反倒有画蛇添足、班门弄斧之嫌，得不偿失。因此，同学们应衡量自己的客观条件来决定自己是否深入其中，一般而言，阅读部分入门、基础的书籍，本人认为是足够了的。

二、阅读方法

接下来，我们再来聊聊怎么读。

1. 多做笔记

阅读是要长期进行的，走马观花是阅读的大忌。为避免读后就遗忘，我们应该在书中不时地圈圈画画。在读小说时，对剧情有重大影响的，不妨加上下划线，使情节脉络更清晰；对人物刻画细腻到位的，不妨仿写几次，并逐渐形成自己的文风。在读散文时，有冲击自己心灵的，不妨记录下来，成为自己作文中的点睛之笔；有引起自己停顿思考的，不妨与他人探讨，探究个中深意……不胜枚举。例如，笔者记得，在阅读《列宁传》时读到列宁说，"要么站在党一边，要么站在取消派一边，第三种可能是没有的，搞调和和折中是不可能的"，有力指出了改良主义的错误性，之所以笔者还记得这段话，实际得归功于笔者的读书笔记。

若同学们有感时间不充裕，不妨尝试量化阅读量，如一天看十页、一天看一章，规划好每一本书的阅读时间。对于想要构建自己文风的或是想要阅读成体系作品的同学而言，这是一个提升阅读连续性及由浅至深了解特定作者思想与笔调的好方法。

2. 善加概括

视线从一本书离开后，不应只留下苍白的书页，我们亲手写下的文字才是这本书的活力的具象化。慢慢地，一篇文章，一本书的内容就会被解构成若干部分，抽象、生涩的主旨便能从简短的批注中、从细微的思考中逐渐成形。学会概括文章，一方面可以使我们加深对作品的印象，另一方面可以使我们逐渐洞穿文意，掌握作者真正的思想。因此，眼球在文字上的滚动结束绝不是读毕一个作品的宣告，我们自发的感想才是我们读完一本书的证据。事实上，我们不难发现阅读题的考核要点就是透过文字表面理解作者表达的深层含义，只要抓住了这条生命线，在面对大题时便能游刃有余。所以说，笔者建议，每次读完一本书后，同学们不妨对各章节、段落作概括，以表读毕，多寻找关键字、感情线、情绪转变、叙事节奏等在文中起阶段作用的元素，日后重新翻阅时也能拾起记忆，甚至在时间的浸泡下再得出全新的体会或感悟。

三、如何应用

最后，笔者想说说怎么用。当我们读完各种作品，理应对不同作家的文风也有所接触，如钱锺书的笔锋辛辣讽刺，梁实秋的文字平实诙谐；或对诸子百家的核心思想有基础了解，如法家的一断于法、道家的清静无为。此时，当读到一篇全新的文章，我们可通过以往在阅读中积累的语感从字里行间判断出文章基调，理解作者情感，抓住文章依据，并与文章的关键字眼或语句配合推敲，结合题目暗示，敲定主旨，考获理想分数不再是空话。

写　作

"自辩自论，多加模拟"是笔者学习写作的方法。笔者擅长议论文，接下来想和同学们谈谈如何写出一篇合格的议论文。

一、逻辑能力

首先，一篇合格的议论文应展现出矛盾的张力，以文字说服阅卷老师。如何培养有序论证的思维？观看辩论赛是一个不错的选择。笔者建议同学们一周观看一至两场辩论赛，可用笔记本记录下双方的观点与例子，从而捋顺辩手的逻辑，并尝试从两方的角度反驳对方的观点，模拟自己辩倒自己以凸显矛盾性，并尝试将自己的论点筑得密不漏风，学习辩手们的话术——无论是从底层逻辑出发、单刀直入抑或是强下定义、诡辩。总之，写议论文的终极目的就是说服对方，强化自己，一切为了自己论点的说服力服务。以上，不但可以丰富自己的案例库，还能学习论证技巧，可谓一石二鸟。国际大学群英辩论会与华语辩论世界杯均有令人拍案叫绝的对局，同学们在视频网站上可轻易找到。当然，同学们也可以尝试在网上搜寻他人对有关对局的评价，丰富自己对辩论的见解，并了解双方辩手的优点与不足，取其精华，去其糟粕，以求提升自己的论证能力。

二、构建大纲

在确定题目赋予的矛盾与争议性且有了最基础的论证逻辑后，我们便开始构建文章大纲。一般来讲，笔者的写作大纲包括大小论点、立场、例子、每段内容等，而例子则应分好类别，即从层面、性质、时间、地点细分并编号，以示其即将被写入该段中；每段内容则应包括正论、反论或驳论、论点，可能用上的写作手法、修辞手法、论证手法及例子的编号。将整篇文章模块化，可以使文章的逻辑更完整，同时也能减少离题的可能。倘若写作时时间不足，采用这种方法也可以很快判断出可以割舍的内容。总之，大纲是这篇文章的骨架，如果骨架不正，附在其上的血肉自然一团模糊，故同学们应认真对待大纲的构建。

三、完成作品

在完成这副骨架后，就到我们用文字作血肉填充它的时候了。一般来讲，文首多用比喻、反问、引用引入立场，文末多用首尾呼应、总结上文、连续反问和深化比喻收尾。此时，我们从辩论赛中学到的论证逻辑正好派上用场，以下定义、设条件、倒因果、代入角色等方法同时配合修辞，一方面强化例子本身的合理性及与自己论点的联系，凸显出自己立场的正确性，另一方面使文章不流于说理，增加其可读性。而同学们在奋笔疾书时也要不断思考自身论证过程的完备性。在大多数情况下，同学们若能完成两正论一反论一驳论的结构，一篇议论文便初具雏形了。

写在后面

最后，笔者还有几个小建议，同样希望可以帮助同学们。

一、善用网络资源

当今世界信息爆炸，如何找到有用的信息并在获取信息后投入实际应用中成为重要的能力。如一些专门为写作服务的软件中有大量的好词、好句、好段，值得同学们去模仿、摘抄、收藏、学习，但是不应只停留于收藏或是死记硬背，最重要的是一定要自己动手去写一写，尝试将同一语句融入不同语境，否则就只能是"收藏从未停止，练习从未开始"，给自己一种正在努力的错觉而已。同时一些社交平台上，也有不少人整理了很多有用的名人名句、时事例子、书评、时评、史评等，均值得同学们参考学习。

二、保持稳定的心态

相信不少同学均经历过作文成绩漂浮不定的情况，明明自己已用上全部所学来完成文章，但仍只获得低分，因而耿耿于怀，甚至认为其中掺杂了玄学成分。实则不然，老师在评卷时，特别是评议论文时，会与你持相反观点，那么作品内容的说服力很大程度上决定了分数的下限。若不能动摇老师的想法，则分数可能不理想。当然，这只是一种可能的原因，最终还是要做到：具体问题具体分析。然而，倘若是因为论证能力不足而致低分，则应回到议论文的起点：逻辑能力。同学们参考笔者上述有关提升逻辑能力所言。诚然，方法种种，并无哪种最好，同学们也应多方面吸收精华。如果基础足够扎实，我们再分析具体情况，是离题？立场模糊？抑或是文字过于苍白？从错误中学习，相信自己有能力达到目标，保持稳定的心态，才能在考场上"下笔如有神"。

陆游的《读书》中有："君不见长松卧壑困风霜，时来屹立扶明堂。"人人都说高考只是人生的一小部分，即使失败了也不必介怀。但是他们作为过来人当然可以说出这样的胜利者言论，当今考生的压力只有考生自己知道。在讲究自律的大环境下，或许只有问心无愧，有始有终，聚沙成塔，才能完成属于自己的答卷。逸一时，误一世，在仍能清晰看见回报的年华里，有了开始，又怎能就此停下？此夜无光，但我们坚信，远方有星。

以上有关阅读与写作的一些经验分享，希望能对正追梦的你们有所帮助。

TIPS

❶ 诸子百家作品、史评、人物传记、名家小说与散文等是较适合中学生阅读的，如《写在人生边上》（钱锺书）、《逍遥游》（余光中）、《雅舍小品》（梁实秋）、《封神演义》（许仲琳）、《古文观止》（吴楚材、吴调侯）等。

❷ 如何阅读：① 多做笔记。为避免读后就遗忘，我们应该在书中不时地圈圈画画。② 善加概括。每次读完一本书后，同学们不妨对各章节、段落作概括，以表读毕，多寻找关键字、感情线、情绪转变、叙事节奏等在文中起阶段作用的元素。

❸ 若同学们有感时间不充裕，不妨尝试量化阅读量，如一天看十页、一天看一章，规划好每一本书的阅读时间。

❹ 如何写作：① 如何培养有序论证的思维？观看辩论赛是一个不错的选择。② 笔者的写作大纲包括大小论点、立场、例子、每段内容等，而例子则应分好类别，即从层面、性质、时间、地点细分并编号；每段内容则应包括正论、反论或驳论、论点，可能用上的写作手法、修辞手法、论证手法及例子的编号。③ 在完成骨架后，就到我们用文字作血肉填充它的时候了。一般来讲，文首多用比喻、反问、引用引入立场，文末多用首尾呼应、总结上文、连续反问和深化比喻收尾。

3

语文学习，贵在积累

学生姓名： 杜佳林

录取院系： 光华管理学院

毕业中学： 辽宁省本溪市高级中学

获奖信息： 2020 年辽宁省优秀共青团员

2019 年本溪市优秀共青团员

2019 年本溪市"最美中学生"

高中语文和初中语文相比，有更强的灵活性，更加考查语文素养。从新课改的基本趋势来看，新高考更加注重对语言建构与运用、思维发展与提升、审美鉴赏与创造、文化传承与理解四种核心素养的考查。语文能力的培养，除了源于日常生活中的阅读和思考，还要充分把握课堂上和课后理解、思考的机会。同时，由于新教材的使用，教材的重要性进一步得到提升。下面，我将从日常积累和高考题型分析两个方面与大家简要分享我在高中阶段学习语文的一些经验。

日常积累

一、从课堂上积累

一方面我们在课堂上要积极动脑，紧跟老师的思路，最好做到随着老师的讲解思路有自己的新思考。我们要充分利用老师在课堂上预留的思考时间，这时候我们可以思考如果在考试时遇到同样的问题应当从什么角度入手、如何作答。同时，在其他同学回答问题时，我们也要积极思考，不能置身事外。这样才能提升在课堂上的学习效率。

另一方面我们在课堂上要勤动笔。例如，在老师提问、文言文字词解释、文学常识或者理解性默写重点字词时，我们要在草稿纸或者手头的卷纸空白处适当动笔。这样既可以检验自己是否真正掌握某个知识点，也可以加深对已会知识的印象，以便在考试的高强度、高压环境中能够更加得心应手地应用这些知识。另外，我们在课堂上要及时且高效地记笔记。笔记是对课堂内容的提炼和概括，最理想的状态是结合自己的思考记笔记。同时，我们还要注意平衡课堂上动笔和动脑的时间，不能一味地专注于记录一些细枝末节的信息而忽视了真正重要的知识。

总之，课堂是积累知识的主战场，我们一定要提高听课的效率。对于老师在课堂上讲述的知识，我们要做到听到、听懂并有选择地将它们记录下来，再进一步将其运用到答题中，真正做到融会贯通。

二、从做题中积累

1. 从做题时的思考中积累

我认为平时做题也应按考试的标准：定时定量，全力思考，全力作答。做题不仅是为了检验我们是否掌握了知识点，也是为了温习答题思路、寻找题感。每次做题的过程就是一种演练、一种积累，我们通过日常的训练可以提高审题的精准度、把握答题节奏和掌握作答时的书写布局等。

2. 从做题后的反思中积累

如果我们在做题后没有进行反思，那么做题的效果就无法发挥到极致。我们只有在做题后分析错因，用自己分析得出的结论指导下一次做题过程，才能事半功倍，真正提升做题的有效性。语文学科的一个特点是许多解题的思路或题目的答案都可能成为积累素材的来源。一方面，我们在做题时所展现出的好的思考角度、答题语言、逻辑层次等，是我们在有限的时间经过充分思考产出的成果，可以有意识地将其总结下来形成模板，以备今后再次使用。因此，在进行做题后的反思时，有必要对自己做题时正确合理的思考过程进行回溯。另一方面，我们在核对答案之后认识到的出题人的有价值的逻辑和思路、特定的答题语言等，也可以成为我们今后做题时组织答案的素材。

另外，想提醒大家的是，自己做练习时，一定要提升练习的针对性和有效性：一是要注重题目的质量，选择高质量的模拟题、符合考查需求的题型或者有价值的创新题；二是要注重题目的数量，虽然练习不可忽视，但也要遵循适度原则。如果在选题方面有困惑，我们应多和老师沟通、探讨，自己做的课外题也应在答疑课上多与老师交流。

三、从教材中积累

教材中重点课文下的注释是积累文言文字词的重要来源，教材中的学习提示等总结性语言也可以成为十分有价值的答题语言或作文素材。另外，教材比较成体系地介绍了一些经典的文学作品及相应的文学现象、文学流派等，比如代表性极强的《荷花淀》《包身工》，都是从一篇文章或一部作品切入，介绍一些概念或阐述一些观点。在学习课本中的文学作品时，我们有意识地了解不同类型文学作品的特点不仅有助于做题，而且能培养自己对语文学科的兴趣。

除此之外，新教材增添了阅读任务，比如要求阅读《乡土中国》《红楼梦》等，这些作品也有可能成为日后高考考查的重点，大家一定要尽早准备，抓紧时间阅读。在阅读《红楼梦》这种体量较大、内容丰富、人物关系复杂的书时，我们要摆正心态，带着积极的态度，逐渐找到其中的乐趣，这样才能获得阅读的成就感，并提升日后做相关题目的准确率和效率。

高考题型分析

一、选择题

对于选择题，我们可以总结高考选择题各选项的设错点，了解一些常见的设错思路；做选择题时，切记要从文本出发，尊重原文的逻辑，也要尽量尊重答案，培养正向思维。

二、简答题

对于简答题，我们平时要有意识地从教材中的各章卷首语、学习提示、试卷答案中积累答题语言，并分模块整理，再融入自己的思考，最终形成有体系、有框架、有逻辑的可用素材。每次作答时，我们应尽量有逻辑、有层次地思考，学会从不同的角度思考问题，提升自己答案的逻辑性，避免从同一角度出发重复作答。另外，书写答案要注意排版和格式，将最有效的信息呈现在最显眼的位置，方便阅卷老师批阅。

三、作文题

1. 积累

（1）积累一些好的论证思路

好的论证思路既可以来源于优秀的范文，也可以来源于语文、政治课本中一些逻辑性很强的内容。

（2）积累好词好句

积累一些好词好句，尤其是成语，在作文中恰如其分地运用一些成语，可以提升文采。这里推荐毛泽东的诗词，既可以从毛泽东的诗词中提取一些很有美感或气势的词语，也可以直接将整句用在作文的开头或结尾，提升文采的同时又能彰显思想性。

（3）积累名人事例

积累的名人事例不必多，也不必复杂，更不必过于详细。举例论证不等同于娓娓道来地讲述故事，因此我们要把握好素材积累的程度，提升素材的利用率。积累名人事例时可以选择自己感兴趣的人物或话题，这样在运用时会更加得心应手。

2. 训练

（1）审题训练

审题训练的主要目的是提升在有限时间内精准审题、把握出题意图、提炼出题主旨的能力，同时在有限的时间内不偏离题意地简要构建全文的思路框架（即提纲）也是重要的训练内容。

（2）语言应用训练

语言应用训练可以先以段为基本单位进行练习，将积累的好词、好句、名言、名人事例自如地应用到这一段文字中。因为高考议论文写作除了要注重整体的思路框架，也要注重段内论证思路规范与逻辑严密，所以以段为基本单位练习写作也要练习如何安排段内的论证结构。

最后，引用我的语文老师说过的一句话：好作文是改出来的。我们如果对每次模考的作文都能做到在老师讲解如何审题和带大家品读范文之后，对照老师讲的关键点对自己的作文进行修改，并送到老师手中请他进一步点评，那么我们的写作能力必然能得到更快的提升。而我们看到一篇作文经过自己的雕琢不断完善，也会更有成就感。在日常学习中，我们一定要抓住每一次作文训练的机会，尤其要注意对写作时间的把握，在此基础上尽量在每次练习中提升自己的思考深度和写作品质。我们对写作的喜爱和自信也会在这样一次次的训练中加深。

TIPS:

❶ 课堂是积累知识的主战场，我们一定要提高听课的效率。

❷ 平时做题也应按考试的标准：定时定量，全力思考，全力作答。

❸ 我们只有在做题后分析错因，用自己分析得出的结论指导下一次做题过程，才能事半功倍，真正提升做题的有效性。

❹ 教材中重点课文下的注释是积累文言文字词的重要来源，教材中的学习提示等总结性语言也可以成为十分有价值的答题语言或作文素材。

❺ 新教材增添了阅读任务，比如要求阅读《乡土中国》《红楼梦》等，这些作品也有可能成为日后高考考查的重点，大家一定要尽早准备，抓紧时间阅读。

❻ 选择题：总结高考选择题各选项的设错点；切记要从文本出发，尊重原文的逻辑，也要尽量尊重答案。

❼ 简答题：平时要有意识地从教材中的各章卷首语、学习提示、试卷答案中积累答题语言，并分模块整理，再融入自己的思考，最终形成有体系、有框架、有逻辑的可用素材；作答时，我们应从不同的角度思考问题，提升自己答案的逻辑性，避免从同一角度出发重复作答；书写答案要注意排版和格式，将最有效的信息呈现在最显眼的位置。

❽ 写作积累：① 积累一些好的论证思路。好的论证思路既可以来源于优秀的范文，也可以来源于语文、政治课本中一些逻辑性很强

的内容。② 积累好词好句（推荐毛泽东的诗词）。③ 积累名人事例。

❾ 写作训练：① 审题训练。提升在有限时间内精准审题、把握出题意图、提炼出题主旨的能力；训练在有限的时间内不偏离题意地简要构建全文的思路框架（即提纲）的能力。② 语言应用训练。以段为基本单位进行练习，将积累的好词、好句、名言、名人事例自如地应用到作文中。注重整体的思路框架和段内论证思路规范与逻辑严密。

❿ 我们如果对每次模考的作文都能做到在老师讲解如何审题和带大家品读范文之后，对照老师讲的关键点对自己的作文进行修改，并送到老师手中请他进一步点评，那么我们的写作能力必然能得到更快的提升。

浅谈高考语文的学习方法

学生姓名：罗涛

录取院系：信息科学技术学院

毕业中学：四川省达州外国语学校

获奖信息：2020 年全国中学生生物学联赛省二等奖

从标题可以看出，我这篇文章是想针对高考谈一下有关学习语文的方法。或许这并不能对语文素养有多大提升，但相信它至少可以帮助一部分因高考语文而困惑的同学。我高一刚入学时语文成绩在 90 分上下浮动，高考语文得了 124 分。或许，这个分数对一些十分擅长语文学科的同学而言并不算什么，但对于很多像我一样语文考试分数开始并没有那么理想的同学，这个分数是很难得的了。因此，我想针对高考语文，以自己亲身经历分享一些经验。

学习要先端正态度

一、练字

在人们心中一直有"见字如人"的观念。不提写得一手好字给我们带来的其他益处，写得一手靓丽的字至少可以使改卷老师在看试卷的时候更加顺畅。同时，练字还可以让我们在紧张、繁忙的学习中那颗浮躁的心沉淀下来，更有利于日常的学习。当然，这一切都建立在我们能长期坚持练字的前提下，练字如逆水行舟，不进则退。

二、时间

在高中学习阶段，许多同学学习语文的时间和其他科目相比显得有些捉襟见肘了。当然，这里也并非让大家花很多的时间在语文这一个学科上。我始终坚信，根据自己的情况分配学习时间以求最大的收益，这才是最好的。而语文的复习有一个特点就是，某些知识可以不需要拿书动笔，只凭脑袋想就够了，这些便是利用零碎时间的契机了。比如，你可以在排队买饭时想一下作文如何审题，在车站等公交时背一下鉴赏诗句的步骤……

三、阅读

如果你拥有较为充裕的时间去提升语文成绩，并且希望把它提升到较高的水平，那么阅读是必不可少的。我有一个语文成绩很好的朋友，有一次和她聊喜欢的作家，她说了一个名字很长、我从未听说过的作家（此作家曾是诺贝尔文学奖得主），我顿时就明白我和她的差距在哪了。大量的阅读能让我们的文学素养得到有效提升，这不仅对于目前的语文学习十分重要，对于今后的学习生涯也十分有益。

从题型来分析技巧

一、古诗词与文言文

1. 古诗文默写

古诗文默写可以说是语文考试中最好拿分的题，主要考查记忆背诵能力。而我这里想跟大家分享的是如何在复习这类题型时节约时间，用较少的时间得到较大的收获。对我个人而言，我习惯在背诵之后尽快复习。比如，我早自习背了之后，早自习下课上完厕所回来再背一次，第一节课下课、吃完午饭、睡觉前、隔几天各复习一次。

2. 文言文阅读

我不认为靠死记硬背来掌握文言文词汇是一个好方法。在我看来，单纯记忆文言文词汇不如多读文言文。我从高一开始就抽时间读《史记》，大部分内容都是泛读，只有像《项羽本纪》《魏公子列传》这类自己比较喜欢或者较为重要的篇目会逐字逐句精读。当然，常见的词语意思还是要有意识地记忆。最好的办法还是得将词语放在具体的语境中记忆，这样不仅方便理解，记忆效果也会更好。

做翻译题时，可以先在原卷上将关键词、句的意思标注清楚，注意要联系上下文语境，区分一词多义。这一步极其重要，如果语境理解错误，翻译出来的内容会牛头不对马嘴。然后，再将翻译好的内容写在答题卡上，这样可以减少答题卡上的涂改痕迹，卷面看起来会更加整洁。

3. 诗歌鉴赏

在平时的学习中，我们要有意识地记忆一些与情感态度、作用效果等有关的名词，并且最好联系有关的诗句一起记忆，理解它们的意义与用法。如果我们想要在诗歌方面做到既能意会，又能言传，不仅需要有较好的基础，可以读懂诗歌的本意，而且需要将自己代入诗人的角色，理解其在面对或经历某些事情时所发生的心态变化。当然，这一步很难，毕竟不同的人面对同一件事的心理状态也会不同，更何况我们与诗人生活的时代相差甚远。我们能做的是增加自己的诗歌阅读量，以此达到"无我之境"。

二、现代文

1. 论述类文本及非连续性文本

我认为，这两类题主要考查两种能力：一是阅读与信息筛选整合能力，二是逻辑推理与判断能力。对于阅读与信息筛选整合能力的提升，在高一、高二时，我们可以多阅读一些时评类、科技类的短文，最好是官媒评论的文章。在读完文章后，我们要对每段或每层的意思进行概括，进而寻找文章的结构思路。熟能生巧，当我们练习了很多次之后，我们就能在更短的时间内，更加精准地把握文章的主要内容。我认为学习好政治这一学科，对提升逻辑推理与判断能力会有帮助。单从做题的角度来讲的话，我建议以近几年的高考题为基础，认真理解答案的推理过程。

2. 文学类文本

以前的简答题或许有模板可循，可如今似乎不太可行，所以绝非背一些套话就可以提高这类题目的分数，我们应当要做的是提高自身的文学素养。例如，可以多阅读同类的文章，特别应当精读评论，通过长期训练培养正确的语感。当然，这样的训练需要花费大量的时间。

三、作文

1. 主题结构

现在的高考作文一般以议论文为主，而绝大部分作文命题一定是对成长中的中学生有教育意义的。另外，如果想要以分论点形式使结构更加清晰，建议在日常复习时多分析一些范文，多进行看题目列提纲训练，找自己最擅长的方式，比如我最喜欢的方式是在题干中直接提取分论点。

2. 语言特色

虽说有不少人认为，文章不应当采用过于华丽的辞藻修饰，而应以通俗易懂为首要（如白居易的诗）。但对于考场作文，语言的美丽工巧，深厚韵味，绝对是可以加分的亮点。相信不少同学都会在自己的积累本上摘录一些优美的句子、段落，我认为除了将这些句子、段落摘录在积累本上，更重要的是练习在不同的主题中运用它们。

3. 引用例证

博览群书，紧跟时事，名言例证，信手拈来，这大概是很多人所期望达到的境界。但实际上，大多数人都无法达到这种水平。我的建议是，背诵一些自己喜欢的、擅长的、应用范围广的一些名言、事例，然后多角度地分析适合应用的主题。

以上，便是我总结的自己学习高中语文较为重要的方法和技巧。至于其他一些较为常见的，我就不一一赘述了。

TIPS

❶ 利用零碎时间学习语文。比如，你可以在排队买饭时想一下作文如何审题，在车站等公交时背一下鉴赏诗句的步骤……

❷ 如果你拥有较为充裕的时间去提升语文成绩，并且希望把它提升到较高的水平，那么阅读是必不可少的。

❸ 复习古诗文默写的题要用较少的时间得到较大的收获。对我个人而言，我习惯在背诵之后尽快复习。

❹ 单纯记忆文言文词汇不如多读文言文。

❺ 复习诗歌鉴赏要有意识地记忆一些与情感态度、作用效果等有关的名词，并且最好联系有关的诗句一起记忆，理解它们的意义与用法。

⑥ 可以多阅读一些时评类、科技类的短文，最好是官媒评论的文章，来提升我们的阅读与信息筛选整合能力。

⑦ 在日常复习时多分析一些范文，多进行看题目列提纲训练，找自己最擅长的方式。

⑧ 对于考场作文，语言的美丽工巧，深厚韵味，绝对是可以加分的亮点；要练习在不同的主题中运用积累本上摘录的一些优美的句子、段落；背诵一些自己喜欢的、擅长的、应用范围广的一些名言、事例，然后多角度地分析适合应用的主题。

数学篇

数

学

篇

5

数学那些话

👨‍🎓 **学生姓名：** 杨丰宁

🎓 **录取院系：** 政府管理学院

🏛 **毕业中学：** 河南省实验中学

⭐ **获奖信息：** 2021—2022 学年河南省普通高中三好学生

　　作为一名文科生，我喜欢泛舟于古文之海，探索文言字词的奥秘；也喜欢深入厚重的历史，感悟文化的奥妙。但是相较于这些，我更喜欢充满了数与形的智慧的数学，也因此被大家视为有些"非传统"。我很乐意与大家分享我的数学学习经验。

爱上数学的心路历程

　　先来聊一聊我喜欢上数学的心路历程吧。说起数学，其实我不是从小就对数学特别感兴趣，我对数学的兴趣是在学习的过程中逐渐培养的。从小学到初中，我的数学成绩一直不是太好，我当时觉得数学不就是算算数、画画图，这么枯燥，有谁会喜欢呢？相信不少人有过这种想法。但是到了高中，尤其是文理分科以后，我却逐渐喜欢上了这门令我苦恼已久的学科。可是，数学究竟有什么魔力，能让我发生这样 180 度的大转弯呢？我觉得有以下几点原因：首先，数学作为一门严谨的理科学科，培养的是严谨的逻辑思维能力，通过学习数学，我能更理性、全面地思考问题。其次，选择文科意味着每天大部分时间都会与各种文字打交道，无论是语文、英语，还是政治、历史、地理，在高中阶段大多数时候都会采用定性研究的方法来学习和考查，但这也会带来极大的不确定性，缺乏定量研究，时间长了，似乎学习也会陷入迷茫。而学习数学恰好中和了这一点，数学是确定的，我可以很肯定地知道我的思路和计算是否正确，而且做对一道难题、想出独特新颖的解题思路也会给我莫大的成就感。在漫长的高三苦战中，这也成为我的一种精神动力。最后，遇见一个好老师也是我热爱数学的重要原因，常言道"良师益友"，数学老师的鼓励与帮助让我加深了对数学的热爱。

数学学习方法

欧阳修曾言，"任其事必图其效，欲责其效，必尽其方"。学好数学，恰当的方法十分必要，接下来我将分享一些我的数学学习方法。

一、做好预习

我们如果能提前预习课程内容，那么在课堂中的学习，会达到事半功倍的效果；而且提前预习可以有效节省课堂中做题的时间，留更多的时间突破难点。高一暑假时，我预习了高二上学期的数列、不等式、圆锥曲线等内容，并做了一些教辅的练习。高二上课时，我预习的效果就很明显：虽然圆锥曲线和导数部分知识较难，但我已经有了充足的准备，可以提前主攻压轴题型。高二寒假时，我预习了《数学：选修 4–4 坐标系与参数方程》《数学：选修 4–5 不等式选讲》的内容，同时由于高一的数学基础薄弱，我也提前复习了下学期会复习到的《数学：必修第一册》，暑假又提前复习了《数学：必修第二册》《数学：必修第四册》。这使我一轮复习能够稳扎稳打，避免因复习速度快而造成知识漏洞，也为后来数学成绩保持在高位水平打下了坚实基础。

二、重视课本

课本主要由概念、例题、练习题三部分组成，很多课本基础概念在题目中都会作为隐含条件，比如立体几何的证明题，如果对几个判定、性质，记忆、辨析不清楚，那么就算花费大量的时间也可能做不出来；再比如反函数，作为一个冷概念，它长期被大家所忽视，但是2015年高考文科数学（全国Ⅰ卷）就考查了反函数相关知识点，如果对课本中反函数的相关知识点不清楚，那么这道题就很难得到正确答案。再说课本中的例题和练习题，课本中的例题虽然大多很简单，但是主要是起指导思路的作用，比如圆与直线、解析几何的一些题目，用数形结合的方法比硬算要简单得多，很多同学在看了答案后觉得想不到，但实际上答案就在课本中。

三、研究高考真题

有句话说得好，我们研究真题就像在和命题人对话，可以更好地把握命题导向与趋势，使自己备考时更有针对性。以2020年高考文科数学（全国Ⅰ卷）考过的一道填空题为例：

数列 $\{a_n\}$ 满足 $a_{n+2}+(-1)^n a_n=3n-1$，前16项和为540，则 $a_1=$ _____。

该题考查的是数列奇偶并项的知识，第一次遇到这类题我们可能会感觉无从下手，但实际上这一知识点在2012年高考文科数学（全国Ⅰ卷）中以选择题的形式考过，方法类似。对于应该怎样做高考真题，我的建议是在不同的阶段反复做：高一、高二第一次学习时作为经典例题；第一轮复习时分知识模块专项突破；复习基本结束后做整套试卷，检验学习水平。两次做真题之间时间不要太紧密，避免记住答案直接写而失去练习效果。

四、适度刷题

数学作为一门理科学科，想要学好，刷题必不可少，大量刷题能够摸清出题套路、突破各种题型、掌握标准答题模式等，但是不能盲目刷题，要达到做题的效果，更为重要的是做完题之后的归纳与整理。我明白刷题的感觉很爽，尤其是花时间攻克一道难题后获得的成就感。但是如果我们对待错题只是对一下答案而不对错因加以归纳与整理，可能过一段时间后还会再错，究其原因就是错题并没有真正转化为自己的知识。对于刷题，我的建议是：第一次学习时，把老师布置的作业认真完成并在理解的基础上，可以额外做一些教辅的题目，加深对知识的掌握；在第一轮复习时，主要是对不同知识模块进行专项突破；在第二轮、第三轮复习时，主要是做套卷，提升应试能力；同时，我们在刷题时要注意兼顾高考真题与当年新题。

五、重视总结归纳

总结归纳的重要性在上文中已经强调过，下面主要来谈一谈总结归纳的方法。我认为总结归纳分为总结题型和总结易错点两种。

1. 总结题型

总结题型就是根据老师课堂上讲的重点和自己做的题总结同类题型并且尽可能将分类细化，比如导数中的双变量问题，可以进一步细化分为转化为最值、单调函数、消元几种；而且还有一些细节，比如同构时要构造单调函数等。同时，我还会总结一些做题技巧，比如圆锥曲线的定值定点问题的复杂式化简技巧等。

2. 总结易错点

对于总结易错点，我有一个专门记录易错点的笔记本，上面记的都是一些曾经出现过失误的题，有些看似非常简单的问题在考场的紧张环境下都可能成为失分点，比如正负号不要看反、共轭复数别看漏、向量要注意方向等。

除了以上两点，还要注意总结解答题的标准答题步骤，研究高考真题答案，争取不在步骤上失分。数学每道题的分值都较重，应该加倍重视细节。

数学备考的技巧

下面，我将根据学习阶段和考查目标的差异，分别从两个阶段来分享我的数学备考小技巧。

一、高二学习阶段

在这一阶段，我们仍然在学习新知识，考试考查的内容一般是最近学的内容，所以考前有充足的时间来复习课本、笔记、错题等。当然，我们不能只靠考前突击复习，平时周末也要抽出时间来复习前一段时间学习过的知识，然后考前再看一遍，这样在第一次学习时就打好了基础。

二、一轮复习及之后的学习阶段

一轮复习复习到哪里，接下来的考试的考试范围就到哪里，所以在一轮复习时的考试复习压力会随着复习的推进像滚雪球一样逐渐增大。这时候就不必每次考试前都把复习过的知识再看一遍了，最好是每次考试前有目的地复习，比如：错题本这次从前往后看，下次从后往前看；或者着重看掌握得不好的模块，以减少考试失分。

一轮复习结束后，每次考试的范围都与高考的范围相同，复习时我们可能更无从下手，所以要尽早掌握正确的复习方法，注意整理常见的易错点，如参数方程化普通方程时要注意变量的范围、共轭复数不要漏看等。

到了考试特别频繁的阶段，我们不要让考试打乱了学习的节奏。此时考试前不用再刻意复习了，正常考就可以了，像我当时高考前就没有复习完，但是影响也不大，考前可以做一套题，找找手感。总之，信心最重要！

总结一下，数学要学好，需要持之以恒的努力和正确的方法，"天行健，君子以自强不息；地势坤，君子以厚德载物"，付出总会有收获，祝愿大家的数学成绩稳步提升，在未来的高考中考出理想的成绩！

☀ TIPS：

❶ 我们如果能提前预习课程内容，那么在课堂中的学习，会达到事半功倍的效果；而且提前预习可以有效节省课堂中做题的时间，留更多的时间突破难点。

❷ 很多课本中基础概念在题目中会作为隐含条件，所以要重视课本。

❸ 研究真题就像在和命题人对话，可以更好地把握命题导向与趋势，使自己备考时更有针对性。

❹ 刷题必不可少，大量刷题能够摸清出题套路、突破各种题型、掌握标准答题模式等，但是不能盲目刷题，要达到做题的效果，更为重要的是做完题之后的归纳与整理。

❺ 总结题型就是根据老师课堂上讲的重点和自己做的题总结同类题型，并且尽可能将分类细化；还可以总结一些做题技巧。

❻ 我有一个专门记录易错点的笔记本，上面记的都是一些曾经出现过失误的题。

7 注意总结解答题的标准答题步骤，研究高考真题答案，争取不在步骤上失分。

8 高二学习阶段，以学习新知识为主，平时周末抽出时间来复习前一段时间学习过的知识，然后考前再看一遍。

9 一轮复习及之后的学习阶段，每次考试前有目的地复习，比如：错题本这次从前往后看，下次从后往前看；或者着重看掌握得不好的模块，以减少考试失分。

6

行走在"数"与"思"之间

- **学生姓名**：王郑烁
- **录取院系**：信息科学技术学院
- **毕业中学**：福建省晋江市第一中学
- **获奖信息**：2021 年全国中学生数学奥林匹克竞赛（预赛）二等奖

马克思曾说："一种科学只有在成功地运用数学时，才算达到了真正完善的地步。"的确，数学虽是一门基础学科、工具学科，但它的魅力也正在于此。历史上，有不计其数的数学家为了数学而痴狂，用数学写下万千个令人动容的浪漫故事，也有无数人困扰于数学的纷繁复杂。就是这样一个令人又爱又恨的学科，却与我结下了不解之缘，也让我自信而愉悦地写下如下心得与经验。

谱写数学乐章

当我开始有意识地去主动把数学学好，去开始与数学共同谱写第一乐章，是在我小学之时。在小学阶段，并不要求我们的数学能力有多高，真正的考验在于认真、严谨。认真在于上课专注倾听，及时思考；严谨在于做题的细心。好的习惯应从小学开始养成，在小学的时候就应当培养：用成就感来培养内驱力，让内驱力成为热爱的萌芽。简单来说就是，努力让自己考好，通过好成绩获得成就感，让成就感汇成喜爱，最后化为内驱力鞭策自己。

初中才是我对数学真正的爱之初阶段，我与数学开始奏起了第二乐章，也就是发展的抒情阶段。我们常说一切发展的基础是热爱，但其实建立起真正的热爱是需要环境的。我非常幸运的是，我的初中数学老师是一位教风严厉但又不古板的老师；也非常幸运的是，我周围有这样一群热爱数学的同学：大家课间积极讨论，主动钻研。正是这样的环境，让我深深感受到了数学的魅力。关于初中数学的基本定调，如果用一个关键词来概括，便是"寻爱"——即找到真正的热爱。具体该怎么做呢？首先，由于初中数学相对于高中数学的抽象更偏形象，因此我们可以更快速地找到自己的兴趣所在。比如，初中时期的我，酷爱平面几何，有一段时间会近乎痴迷地去刷平面几何题，让自己获得一种思维碰撞的快感。当我们找到这样一种"头脑发热"的感觉之后，再回去重新审视数学，其感觉必定是截然不同的。同时，在初中阶段，尽管数学竞赛的地位并不高，但我还是强烈建议有兴趣的同学去听一听数学竞赛的课程，或者看一些竞赛相关的书，因为数学竞赛的题目真的可以满足我们思维进阶的需要。在初中阶段，我们还应当多接触与数学相关的各个方面，如了解数学家、数学史等，很多故事真的能让我们眼前一亮，如笛卡儿与心形线的故事，到现在仍是百岁山广告的背景！我们还可以关注一些博主，休闲时看他们的视频对拓宽视野也是大有裨益的。

　　高中是我对数学爱之绽放阶段，我与数学奏响了第三乐章，也就是高潮部分。如果用一个关键词来概括我的高中数学学习，便是"思维"。数学思维的养成不是一蹴而就的，而是一个漫长积累、水到渠成的过程。数学知识点不像文科，和物理也有所不同，更简单易懂，最不需要死记硬背。数学更多的是需要理解记忆。理解记忆能让我们不需要思考就能讲出概念的本质，同时对概念的内涵和外延也能驾轻就熟地去应用。因此，当知识点简化时，我们就需要更多的思维的深度和广度。当我们的思维提升到一个新高度时，任何题目都能轻松应对。

做题与思维拓展

进行思维训练，利用好题目很重要。

我们做完一道题后，接着应该去思考题目的条件，观察题目的条件是否过强，是否足够广义。举个简单而经典的例子，如果有一道平面几何的题目，提供的条件是一个四边形有一对对角均为90度，需要我们证明一个结论。当我们做完之后就应该思考：一对对角均为90度是否多余？题目可能只是想告诉我们这个四边形四点共圆，却给了我们更强的结论。因此，这样一思考，我们就能拨开题目的外壳，挖掘其本质。同时，我们可以将题目的其中一个条件和结论对调，再去思考新结论的正确性，因为结论本质上也是一种条件。这样就能让我们加深对该题的认识。

当我们对一道题目已经把握得十分透彻时，我们就可以去思考这道题如何拓展。举几个简单的例子，相信大家都遇到过这样一个问题：如下图所示的网格，其中有几个矩形？

网格（1）

　　这是一个简单的应用题，想必高中生都能做出来。但是做出来之后，我们就可以思考多种情况：如下图所示网格，其中有几个矩形？

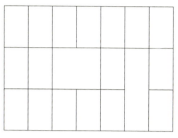

网格（2）

　　还有更经典的例子就是隔板法模型，或者说是有几组有序解的问题。所以请注意，"有序"就是一个值得深究的词。如果是无序呢？那会怎么样？这么一想，题目马上就会变得立体和丰富起来，讨论量和思考量也会增长。当然，这样的奇思妙想大多是没有结果的，但是思考便是提升思维能力的重要手段，只要有过程的思考，结果其实就不那么重要了。

三、猜证

　　数学家取得伟大的成就不仅因为他们有超高的思维能力，而且因为他们敢于猜想。在平常的学习中，我们也可以有很多类似的猜想。猜想的思路其实很简单，就是从特殊到一般。我们在对题目的本质有充分的把握后，就可以大胆猜想，在解几何、导数等方面的题时尤其可以大胆猜想。比如，解几何题时，我们可以猜想一个较好算的特殊结论，并通过具体运算去论证。导数的各种猜证亦是如此，而导数的数形结合也能让结论的发现更为轻松。

四、多样性

数学题目往往会有多种解题方法，对于这些解题方法，我们不应只是抱着一种欣赏的态度，而应去理解每一种方法的本质，不同的方法代表不同的思考角度，反映的是解题人对题目不同的理解。分析和尝试不同的方法更有利于我们发现题目的关联性。比如，在解几何题时，我常会尝试采用超纲的仿射变换加上几何法。虽然成功率不高，但对思维能力的提升是很有益处的。因此，我们在平时做题时，不能仅满足于做出来，更需要从不同的角度去思考，有些方法能给予我们全新的启发！

五、新的点

事实上，以高中生的数学水平，我们是很难凭空想象出问题的，我们的思路和信息往往来源于日常的练习题。在练习的过程中我们总会遇到一些陌生的方法，这些就是所谓新的点。关于新的点，我们一定要重视，然后把它当作必学的知识点一样充分挖掘，并做到随时记录，这样我们脑海中的盲区就会越来越少，对题目也能更熟悉、更快入手。与之相关的就是错题的整理。我个人非常不建议把整套题目记录下来，这样不仅浪费时间，而且难以起到一针见血的效果。我们应当记录那些错的点，因为大多数情况下，做一道题目不会全盘皆错，我们只是有些点没有突破。记录这些点本质上也是记录我们思考的过程，翻看时也会更有针对性。

以上都是关于做题与思维拓展的一些方法，是提升"硬实力"的关键。

数学应试技巧

高中的学习最终还是为了高考。因此，我们必须具备一定的应试技巧。以下几点便是我个人认为比较重要的。

一、别为自己留后路

有些人做题求快，尤其是数学，但这种思路我不太认可。我认为，做数学题时，别想着快，别为自己留后路，不然会增加做题的随意性和错误率。我们在日常的练习中就应树立一种考试的心态。

二、保持专注

专注对于考试非常重要，关于专注的练习，可以试试舒尔特方格，或者可以尝试课间做题，训练自己的抗干扰能力。还有个实用技巧就是考试的时候保持"埋头"姿势，保证视线里只有卷子，我认为这样能提高做题的专注度。

三、检查

如果在考试时，还有剩余的时间，检查也的确是一件非常重要的事。我们可以设想一个情景：考卷发下来之后，你盯着老师打叉或者圈起来的地方，大脑飞速运转，试图找到错误的根源，结果往往是你很快就能发现错在哪里，并且为考试时的种种疏忽懊悔不已。因此，检查时有一个类似的方法，即想象每一道题目都是错的，然后以考完后的心理进行分析，这样找出错误的概率比较大。不过这样也需要强大的心理能力，需要不断地尝试。

许多人学不好某一门学科，很大程度上是因为缺乏学习的动力。而有一种著名的效应或许可以帮到大家——罗森塔尔效应，亦称皮格马利翁效应、人际期望效应，这是一种社会心理效应，指的是老师对学生的殷切希望能戏剧性地收到预期效果的现象。在平常的学习中，我们也可以利用这样的效应给自己积极的期望。

书读百遍，其义自见；学海无涯，因人而异。希望我的拙见能够帮到大家，也祝所有的学子能够把数学当作自己的"另一半"，找准自己的线性回归方程！

TIPS

❶ 尽管在初中阶段，数学竞赛的地位并不高，但我还是强烈建议有兴趣的同学去听一听数学竞赛的课程，或者看一些竞赛相关的书，因为里面的题目真的可以满足我们思维进阶的需要。

❷ 数学更多的是需要理解记忆。

❸ 我们做完一道题后，接着应该去思考题目的条件，观察题目的条件是否过强，是否足够广义。

❹ 当我们对一道题目已经把握得十分透彻时，我们就可以去思考这道题如何拓展。

❺ 我们在平时做题时，不能仅满足于做出来，更需要从不同的角度去思考，有些方法能给予我们全新的启发！

❻ 我们要重视在练习的过程中遇到的一些陌生的方法，把它们当作必学的知识点一样充分挖掘，并做到随时记录。

❼ 错题的整理时，我们应当记录那些错的点，而不建议把整套题目记录下来。

❽ 做数学题时，别想着快，别为自己留后路。

❾ 考试的时候保持"埋头"姿势，保证视线里只有卷子，我认为这样能提高做题的专注度。

❿ 如果在考试时，还有剩余的时间，检查也的确是一件非常重要的事。

7

高中数学：理科方法与理科精神

🎓 **学生姓名**：汤家淇

🎓 **录取院系**：元培学院

🏛 **毕业中学**：湖南省长沙市长郡中学

⭐ **获奖信息**：2021—2022 年度湖南省普通中小学省级三好学生

2021—2022 年度长沙市中小学新概念三好学生

如今，新高考中对数学开始实行文理同卷，这对我们更有挑战，但并非没有应对之道，笔者在此结合个人经历分享一些学习数学的经验。

数学学习是一个拆分再重组的过程

学习高中数学，首先以各个不同板块的基础知识为起点，进而向上拔高，并且逐渐交融。它的初始状态是相互独立的，这是为了我们先专一地、不受其他板块干扰地打好基础。例如，我们必须先学好集合论与函数基本概念，在这个大的框架下细化到一些例子——基本初等函数，细致讨论其性质，在此基础上又九九归一，去发现研究函数的有力工具——导数，导数就可以有效地帮助我们确定函数的单调性、极值、最值等基本参量，这些参量又是我们之前在学习函数基本概念时已经了解了的。如果我们不对这些概念先做了解，那么就难以理解导数体系。对于基础概念，要用基础方法。最有效的方法是在课堂上认真听课，争取一次浇筑牢固，结合布置的作业发现自身薄弱环节，进而使用专题形式一一攻克。

数学有鲜明的模块化特征，考查的知识点有一定的独立性，便于我们分板块逐个击破（分板块学习也是高三数学复习的基本方式）。但学习完基本概念后，我们要试着去融会贯通，不要死板地认为数学的知识点之间是割裂的。例如，数列和概率似乎风马牛不相及，但事实上一些构造递推式的概率分析必须用到数列的知识辅助解析；把数列单调判断和二项分布的概率最值问题结合，可以得到便捷的一般性结论，有利于节省做题时间。高考数学是综合的，即对各种知识点综合考查，可能有的组合方式是闻所未闻的。如果我们有连贯的数学认知和大一统的数学意识，日常复习时不把知识割裂开，不强行把题目划分给某个单一知识点、单一题型，那么也就能很好地应对，并且大一统的数学意识也是一种数学素养的体现。

总而言之，没有人不在前进，我们的数学基础一直在，我们要有充分的自信，但又要明确知识不能孤立，在对立统一中寻求发展。

理智刷题，巧做规划

刷题，是学习数学绕不开的话题。笔者在长郡中学三年，看到过日刷百题的"卷王肝帝"，也看过数学只写作业但周考、月考也能达到140分以上的神仙人物。对于数学学习而言，刷题和天赋，一般很多人只能选择前者，而其实真正有天赋的人早走了竞赛之路，刷题还是大多数人学习数学的必经之路。可以说，刷题是学习数学必不可少的一部分，但也绝不是全部，甚至不是主要部分，而只是一条辅助提高的路径。那么，我们应该如何刷题呢？

一、理智刷题

关于刷题的题量，其实没有固定的标准，要因人而异。刷题的数量取决于我们想要达到的目的：针对想攻克薄弱板块的，可以采用专题突破的形式进行中高强度的刷题；针对想见识不同题型拓宽视野的，不需要特别高的刷题强度，以广泛涉猎为主。需要注意的是，刷题不等于大量地、机械地重复做题，刷题是服务于学习的，是学习的一部分，而不能成为学习的全部。

我个人的基本学习路径是"学新知识—完成作业—总结薄弱环节—针对性做题（一定强度）—总结薄弱环节—定期做适量题目保温"，一旦在定期做适量题保温的过程中重复出现同类型的错误，就再次总结薄弱环节并继续后续步骤，直至彻底熟练。

完成作业是基础，但在不同的阶段作业也有不同。在学习新知识时，作业相对基础，完成得比较快，这时候就应该保证质量，同时深入吃透，找到并解决自己基础知识层面的问题。在进行复习时，作业难度会有所提高，也是更加针对高考的题型，我们应该在保持质量的基础上限时练习。因为高考是要在有限的时间内把题目做正确，我们必须在复习时就培养自己做题限时的意识。当然，这些也要结合自身情况，有时候也可能要适当取舍，并不是要求所有人都必须用相同的时间完成相同的题目，可以根据自身情况进行调整，而不是死板地要求。

在总结薄弱环节时，我们则要针对自己的错题，问自己为何做错，是粗心还是知识点不牢固或是方法不熟练等；注意对常错题进行整理、积累，以达到错一道会一类的效果；即使是做对的题也要结合答案反思自己的思路是更好还是有所欠缺，从而不断提高自己的解题技巧。

定期做适量题目保温的阶段，则选择有一定挑战性但不太难的题目，结合学习频次定时定量练习，达到"保温＋查漏"的效果。

二、巧做规划

针对不同的阶段，我们应做不同的规划。下面，笔者以月考成绩为标准分为中等、高等和尖子三类，并分别讲解各个类别的主要学习规划。

1. 中等（月考数学成绩 <125 分）

成绩在这一阶段的同学一定要注重基础知识的掌握，不要去拼难题。一张试卷中，我们总会遇到不会做的题目，不要因此自卑，认清自己才是不断进步的前提。只要打好基础，逐步推进，数学达到 120分以上，甚至 130 分以上，其实并不困难。

学习基础知识的根本是吃透教材。平时，老师上课可能进度很快，我们可能有跟不上的感觉，这就要求我们课后抽时间温习新知，仔细阅读教材，看看自己对知识是否理解，是否还有未了解的内容，并且可以结合一些偏基础的同步资料加强训练。在考场上，我们做基础题时无须设想简单或困难，而是按照以前的积累，仔细读题，提取题目的数学语言，再联想相关的基本方法尝试解决。

2. 高等（月考数学成绩 125 ～ 139 分）

成绩在此范围的同学可以采取基础题不丢分，中档题冲满分，压轴题要有一定的思路并且多得分的策略。这部分同学要相信自己有能力获得更高的分数，要明白压轴题不是高不可攀，不要看轻了自己，要以挑战者的身份去闯一闯、试一试。这部分同学在确保基础知识点不丢分的情况下，还要注重训练做题的速度。要在较短的时间内完成一定量的题目，就要提高对各种题型的熟练度。对中档题可以尝试拆分步骤：首先简要确定从条件到结果的基本思路；其次把解题过程分为几个部分，每个部分都比原题更简单；最后对各个部分进行攻克，进一步综合起来得到答案。对于压轴题要注重积累，一次一题，多次练习后进行分类整理，可以花时间钻研一些难度偏低的压轴题，不仅有助于提高考试中这类难度的压轴题的正确率，而且可以为更难的压轴题积累解题思路和方法。

3. 尖子（月考数学成绩 140～150 分）

到了这一梯队，每一分都非常重要，每提升一分也越发艰难。到了这个阶段，分数往往已经不再是做题技巧决定的，而更多的是涉及一个人的数学能力，以及细致、坚持、灵活等品质和良好的心态。

关于细致，我们首先要清楚自己在何时何处容易粗心，这可以通过考试的结果来反映。在日常学习中，提醒自己"我这里容易出错"，考试的时候就会在这类型的题目上多留心。同时，在考试时，我们要学会利用数学的一些原理对答案进行检查，并时刻思考答案的合理性。

关于坚持，平时要多去钻研，尤其是在时间相对充裕的情况下，可以花上 1 小时钻研一两道难题，把题做精，寻找最优解。

关于灵活，是指要灵活应对试卷中的情况，如：在考试时，个别题已经花费了一些时间却依然没有思路，就要灵活变化，壮士断腕不再死磕，或者最后有剩余时间再进行思考；做了几道题感觉考试难度较大，策略要从"少丢分"转化为"多得分"，从"减法"到"加法"。根据考试情况灵活变换思路，这也是需要进行大量的练习来养成的。

很多同学会遇到这样的情况：某道题在考场上不会做，一下考场就明白了。这不是能力不行，而是面对大考的心态和思维不是平时做练习的状态。因此，心态也很重要，正确的方法往往在正确的心态之后水到渠成。

还有一些同学，某天做一套物理小题全对，十分高兴，甚至在对完答案的那一刻觉得自己无敌；第二天做数学小题错了四五道，就感觉自己水平好差，不想继续学下去。

实际上，这是一种不健康的机械刷题心态。我们的水平其实是不断提高的，所以不要因为几道题的对错就自我满足或否定自己，某次的考试或练习不能完全代表我们的真实水平，但我们要从中总结经验，有所收获。

三、数学精神

一方面，数学精神要求我们不仅要探究问题的解，还要深究问题的来龙去脉。对数学问题本质的探究是数学精神的重要组成。例如，数学老师在一次讲导数压轴题时补充了洛必达法则的路径。我感受到其强大的作用，想要探究其来源证明，发现高等数学书中的夹逼极限法不易被高中生理解，又发现某些特定的洛必达法则求极限可以化为导数的定义。于是，我就想到将分母进行代换，重新设元化为导数的定义形式，再利用同自变量下反函数求导与原函数求导的关系得出了不使用夹逼极限法的洛必达法则证明。这次探究让我更加清楚了导数的定义和自变量转化思想，让我对导数的理解更加深刻。但与此同时，对数学本质的探索往往要求我们具备一定的超越高中数学范畴的知识，因此建议大家根据自身情况适当取舍，可以适当了解高等数学的部分内容和部分竞赛知识，但不要本末倒置，对于高中学习阶段，基础还是关键。

另一方面，数学精神还体现为面对困难的钻研精神和沉着心态。学习数学需要冷静的头脑，我们应学会以谦和自信的态度去面对任何数学题，应以研究、探索精神尝试新题的解决方案。这是可以通过平时的练习磨炼出来的，也是我认为数学学习中最难熬却收获最大的部分。

数学学习，任重道远，路漫漫其修远兮，上下求索，永无止境；数学学习，异彩纷呈，柳暗花明又一村，探知访理，其乐无穷。高中数学，看起来总是和做题、考试等枯燥的内容联系在一起，但其实数学是一种美学，一种精准定量的美学。我们要从"题海"中抬头，在"卷浪"中起身，感受数学的魅力：代数精确，几何优美，无穷神秘……高中三年，学海无涯，数学常常让我们灰头土脸，但深情未变，相信诸贤一定能有所收获，无悔韶华！

☀ TIPS

❶ 数学有鲜明的模块化特征，考查的知识点有一定的独立性，便于我们分板块逐个击破（分板块学习也是高三数学复习的基本方式）。但学习完基本概念后，我们要试着去融会贯通，不要死板地认为数学的知识点之间是割裂的。

❷ 刷题是学习数学必不可少的一部分，但也绝不是全部，甚至不是主要部分，而只是一条辅助提高的路径

❸ 刷题的数量取决于我们想要达到的目的：针对想攻克薄弱板块的，可以采用专题突破的形式进行中高强度的刷题；针对想见识不同题型拓宽视野的，不需要特别高的刷题强度，以广泛涉猎为主。

❹ 月考数学成绩低于 125 分的同学一定要注重基础知识的掌握，不要去拼难题。

❺ 月考数学成绩在 125～139 分的同学可以采取基础题不丢分，中档题冲满分，压轴题要有一定的思路并且多得分的策略；多积累压轴题，一次一题，多次练习后进行分类整理。

❻ 月考数学成绩在 140～150 分的同学，要培养自己的数学能力，以及细致、坚持、灵活等品质和良好的心态。

日拱一卒，从 66 到 146 不是梦

🔹 **学生姓名**：唐儒雅

🔹 **录取院系**：外国语学院

🔹 **毕业中学**：广州市华南师范大学附属中学

⭐ **获奖信息**：第 10 届"外研社杯"全国中学生英语能力大赛广东

赛区高中组三等奖

2014—2015 学年度广州市优秀学生

先说一个励志的故事：在高二上学期的一次数学测验中，我考了66分，后来了解到这是一份高三的周测题。心急如焚的我买了本数学习题册，坚持每天完成一个章节，日复一日的坚持练习，数学便从弱项变成了强项。在此过程中形成的理性思维也助我摸索出了一套独特的学习方法，我也很幸运，高考数学取得146分。

从66分到146分，我认为最重要的是，通过高效利用课堂来夯实基础，构建知识体系；通过数不胜数的考试来加快解题速度，提升解题准确度；通过有选择性和针对性的自主刷题来建立错题笔记系统；最重要的是，让自己逐渐爱上数学！

夯实基础

先来构建一个理想模型：假设高考考纲涉及的知识点有1000个，而一张全国卷涵盖21道题，题目之间的考点互不重合且为随机抽取的，那么，150分的试卷得66分意味着什么呢？这意味着只得了44%的分数，相当于1000个知识点只掌握了440个，剩下的560个都是知识盲点。如果想要稳定地考到146分，就需要掌握大概973个知识点，二者相差的 533 个知识点就是从 66 分提升到 146 分所需查缺补漏的巨大工作量。

但是反映在试卷上，从 66 分到 146 分这中间相差的 80 分只有 11.2（$80 \div 150 \times 21$）道题。如果我们仅补齐 11.2 道题背后的 11.2 个知识点，当试卷继续随机抽题，其他保持不变，考到 146 分的可能性仅为 $\dfrac{1}{C_{533}^{11.2}}$（近似为 0）。如果运气比较差，一张试卷中更多的考点来自未掌握的那 521.8 个知识点，那考得更差也很正常。

所以，利用一轮地毯式复习巩固 1000 个知识点，打牢基础，非常必要，更是有助于后期进阶提分的不二法门！

我们知道，一轮复习的数学课一般不会再讲解新的知识点，更多的是针对练习的讲评，所以带着问题听课会让课堂更加高效。我的做法是充分利用一轮复习时的练习册，课前尽可能做完相应的习题，至少保证覆盖所有考点，及时发现薄弱项并加以练习，比如相关系数、共轭复数、斜二测画法等"冷门知识点"。做完后，我会马上仔细对答案订正，标出卡住的步骤，并用关键词加以概括，比如利用三角形面积构建等式实现边角互化，利用"1 的妙用"配凑齐次式，利用直角转化共圆条件并表示为向量形式等；随后将各个章节标题抄写在一张大白纸上，合上练习册，写出对应考点及做题感想，稍作休息后打开练习册，换另一种颜色的笔补充遗漏知识点，标出似懂非懂处提醒自己上课时着重听讲；对于个性化的问题，一定要请教老师，做到"问题不过夜"。老师着重讲解的易错点、二级结论、一题多解等，可以再换一种颜色的笔加以记录。走路、排队的空闲时间，我会尝试回忆纸上的内容，复习时可以借助错题本快速找到典型例题、重做错题并温习解题的常用方法。

构建知识体系

我觉得自己难能可贵的一点是：不论数学是我的弱势还是强项，我都一如既往地热爱它！这很大程度得益于我对数学有着自己的认识，我一直坚信，数学是一门有用且有趣的学科。

"构建知识体系"听起来很高级，实则容易上手操作：可以以知识点为框架，不难发现教材的编写极具逻辑性和系统性，比如，依照"集合与函数概念""基本初等函数""函数的应用"的脉络展开，遵循"特征—性质—应用"的条理，这与化学中揭示"位—特—性"奥秘的元素周期律有异曲同工之妙；也可以根据试卷的编制方式进行归纳，比如前五题主要是集合、复数、数列等章节的基础题，而集合分为含有元素的与不含元素的空集，含有元素的需考虑元素的确定性、互异性、无序性，空集则是包含关系型题目中分类讨论的容易遗漏的情况，等等。这样，遇到相关题目就可以给予自己积极的心理暗示："这一块无非就是考什么什么，我不怕！"

接下来分享一下我的知识体系：我将数学归为一切自然科学的基石，于是它的产生与发展必然蕴含"万物皆有联系"等哲学思想，由因溯果来看：通过观察、抽象、概括、猜想，命题得以产生，此后，一代代数学家开展证明、反驳、改进等工作。我将命题作为数学的核心，它是含有"是"或"不是"的判断句，用"="表示"是"进而有了方程，用"≠ ≤ ≥ < >"表示"不是"进而有了不等式，笛卡儿建立坐标系后我们将变量间的关系表示在二维平面上进而有了"函数图像"。数列是离散化的函数（所以不能对它求导），解析几何本质上是通过转化条件列方程求解，立体几何则是从二维到三维的扩展……其中渗透着方程与函数、数形结合等思想，严谨而美妙！

所以，我们利用二、三轮复习中的综合题训练梳理好知识点之间的相互关系，既能分毫不差地保有对数学的热爱，还能加深对知识点的理解，提高应试能力。

当然，诸多其他方式也可以培养数学兴趣，比如：我压力大时买了一套数独卡片做着玩，还让数独在班内形成风靡之势；玩的过程中不能仅满足于将列出的所有可能性一一排除的做法，而应借此掌握技巧性算法，这样也会更有成就感。

高效利用课堂

强调了夯实基础和构建知识体系的重要性后，必须提到这两点我都是通过高效听课完成的！

听课之高效，在于加强自己对知识点的掌握程度，这不是指拼命记笔记，把老师说过的每句话记下来，而是快速记下模糊不清甚至是完全没听懂的关键词，下课后马上找机会询问老师从而突破盲点；听课之高效，在于深入领悟不同的解题方法，这不是麻木地听讲即完事，而是通过老师耐心讲解，权衡从已知出发的"正推法"和从结论出发的"逆推法"的利弊；听课之高效，在于细化对各种题型的总结，从课堂例题的一题多解到背后原理的拓展，再到对应知识点的考法总结，这不是简单地、随意地抄一遍练习册目录，而是归纳核心突破口、易错易混点、关键步骤相似的题目，对命题者设计的"坑点""重点"了然于胸。

当然，课堂的法典是课本，高效利用课堂的宗旨是细致回归课本——从定理的推导论证中清楚地知道每个知识点从何而来，从例题的解释分析中明白相同题型的突破口与思考角度，通过保质保量地完成课后习题，保证基础题全对。

高分＝超强的计算能力＋对知识点烂熟于心＋完善的细节＋平稳的心态

"超强的计算能力"是在保证正确率的前提下加快解题速度。其中，小题推荐使用技巧，比如特殊值法、排除法等；如遇到纯数字的四则运算、含大量字母的运算，我习惯提醒自己打好草稿，分清分子分母，看清字母长相，别漏角标等。大题则推荐找到适合自己的解题方法，比如立体几何求二面角问题，空间想象力不佳的我对于使用纯几何法寻找二面角可谓一头雾水，但分析完高考真题后，很自然地发现十道题中有九道都是采用法向量进行计算的，于是建立空间直角坐标系便成为我应对这种题型的首选方法。

"对知识点烂熟于心"无疑是抢分的利器，当知识点已经在我们脑海中成体系了，我们要在保证速度的前提下提高解题准确性。例如，利用一题多解进行检查，在日常学习中从书写便捷度和拿分简易度两个方面总结解答方法，都可以提高答案的准确性。

"完善的细节"是为了保证会做的题一分不丢：可以通过研读甚至背诵答案，清楚扣分点，时刻警醒自己不要跳步，联想同类题目的易错点来优化答案，力求解题严谨规范。

"平稳的心态"是为了合理分配考试时间、安排做题次序，将数学能力准确反映在分数上。我的心态并不算好，在很多次数学考试前的中午都睡不着，但我会尽力减少这对考试状态的影响；发卷前可以深呼吸，告诉自己"我就是个做题机器，我要跟即将遇到的21道题正面交锋，我可以！"发卷后，在还不能动笔答题时，可以快速浏览全卷，了解哪些题目相对常规而哪些较为创新。比如，我在高考时先看了选做题，发现都是常规问法便心里有底，再到概率题，发现不能生搬硬套所学模板便打算采用耗时较长的列举法，所幸后面大题都不会很花时间。在考试时，我们如果遇到不会的题，超出计划时间依旧完全没有思路则可先跳过，以大局为重。考后告诉自己："不管数学考好考差，它最多只有150分的贡献，我要好好准备明天价值450分的理综和英语！"在大大小小的考试中，我们应不断有意识地训练自己保持平稳的心态，不断调整，最后关头便足以处变不惊。

建立错题笔记系统：动脑记录＋重做复习

建立错题笔记系统就是整理错题、易错题，反思错因，归纳笔记，最终形成体系。这样做的目的是让自己了解每道题的解题步骤，尤其是自己卡住的地方，并且利于日后高效复习，通过经验积累规避惯性思维所致的"粗心"。

一、建立错题笔记系统的方法

建立错题笔记系统大致可分为以下四种方法：

（1）总结技巧。例如，通过总结三角函数求值域的方法，分析各自的适用范围及标准步骤；通过背诵六大经典函数图像、特殊三角函数值，快速检验答案的合理性；从一道与抛物线中阿基米德三角形相关的题目引申到更多特殊结论，便于复习时一网打尽。

（2）深挖好题。从特殊性问题中提炼出一般性规律，用特殊性情况检验一般性结论，例如，从2018年广州市一模数学导数题推出"$e^{ax} - \dfrac{\ln x + 1}{x}$ 在（0，＋∞）上最小值为 a"等。

（3）归纳题型。在归纳题型时，我们纵向对比同一板块不同时期记录下的题目，可能会惊喜地发现就是一种模型的不同变种，可以在旁栏注明相同点并附上通法。比如三角函数求值域利用"$\sin x +$ $\cos x$""$\sin x \cos x$"与"$\sin x^2 + \cos x^2 = 1$"间的等式关系换元等，从而融会贯通这类题目，考试时只需提取记忆便可不慌不乱拿到满分。

（4）一题多解。学会一题多解在拓展思维的同时可以发现知识间的联系，加固自身知识体系的同时可以追溯知识点的来源，如余弦定理与向量点乘的等价性、积分法证明含对数的不等式等。

二、错题的分类

通过深入挖掘，我发现数学考试中所犯的错误大致可分为计算失误、知识点遗忘、没有思路三类。

对于计算失误，我们应该及时反思解题状态，反复计算直至答案正确，也可以归纳一般情况的求解技巧。例如，我做圆锥曲线类题目应用韦达定理时经常漏了分母，从而怎么也得不出正解，在总结了直线与圆锥曲线联立的各种公式、变量代换采用直线还是圆锥曲线形式等技巧后，再做这类题基本上十拿九稳；再如，使用错位相减法对数列求和，得出含 n 表达式后，取 $n = 1$ 代入检验……

对于知识点遗忘，我们可以采用改题的方式从特殊规律延伸到普适结论，达到举一反三的效果。

对于没有思路的题，我们一开始可以暂时放弃，将重点转移至必须尽可能拿满分的基础题和容易快速提升的易错易混题，同时每天坚持做一道难题，将自己面对压轴题的心态从害怕调整为兴奋，那么潇洒地写出逻辑缜密的解答，便指日可待。

当然，理解 $\neq$ 掌握，定期将错题笔记本拿出来重做，有助于避开"一看就会，一做就错"的黑洞，而完全做对的题目也可以划掉，不再做收效甚微的重复劳动。

写在最后

学数学要满怀信心，充满动力，日拱一卒，不断进步。

无论是出于对数学这门学科的热爱，还是单纯视刷题为打怪过关，从一次又一次胜利中获得快感，只要能在成功时戒骄戒躁，从失败中学会永不放弃，不论最终结果如何，都可谓足矣。

九万里风鹏正举，风休住，蓬舟吹取三山去。

祝愿大家都能享受数学，热爱数学！

附：高三数学笔记

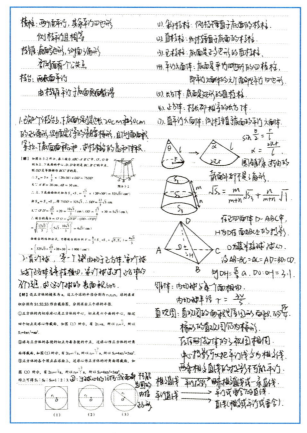

高三数学笔记（1）

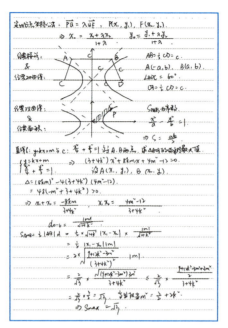

高三数学笔记（2）

高三数学笔记（3）

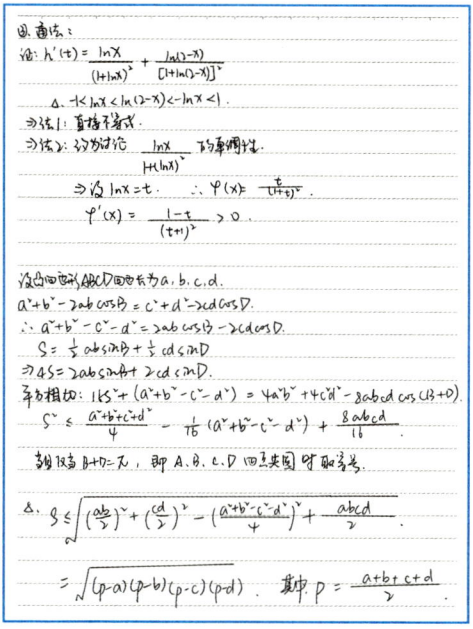

高三数学笔记（4）

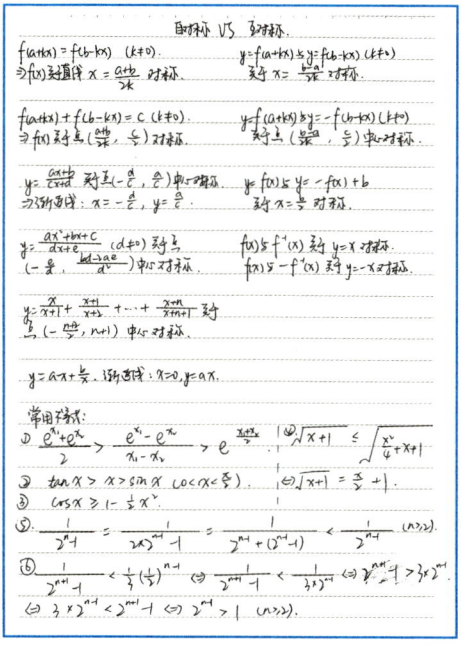

高三数学笔记（5）

TIPS

❶ 打牢基础，非常必要，更是有助于后期进阶提分的不二法门！

❷ 带着问题听课会让课堂更加高效

❸ 利用二、三轮复习中的综合题训练梳理知识点之间的相互关系，构建自己的知识体系。

❹ 高分＝超强的计算能力＋对知识点烂熟于心＋完善的细节＋平稳的心态。

❺ 建立错题笔记系统：动脑记录＋重做复习。

❻ 对于计算失误，我们应该及时反思解题状态，反复计算直至答案正确，也可以归纳一般情况的求解技巧。

❼ 对于知识点遗忘，我们可以采用改题的方式从特殊规律延伸到普适结论，达到举一反三的效果。

❽ 对于没有思路的题，我们一开始可以暂时放弃，将重点转移至必须尽可能拿满分的基础题和容易快速提升的易错易混题，同时每天坚持做一道难题。

9

浅谈"读书刷题学习法"

👤 **学生姓名：** 刘智轩

🎓 **录取院系：** 信息科学技术学院

🏛 **毕业中学：** 山东省东营市胜利第一中学

⭐ **获奖信息：** 2017 年全国青少年信息学奥林匹克联赛（复赛）一等奖

2021 年全国中学生数学奥林匹克竞赛（决赛）二等奖

"读书刷题学习法" 的理论可行性

先说说我的经历。我高中就读的学校并不是数学竞赛强校，在数学竞赛上我也没有早培的优势。在读高中前，我只是粗略地学习过高中数学，高一才正式开始学习竞赛。在高一上学期，我是跟着教练走的，按照他的安排看网课和外出学习。到了高一的寒假，我发现自己虽然对竞赛的知识有了大致的了解，但浮于表浅，根本不能满足解题所需，从而意识到自己应该静下心来认真分析竞赛题目，好好咀嚼竞赛知识。于是，我在得到教练的许可后，开始自学。此后，我便再也没有上过竞赛相关的网课或线下课。到了高一的下学期，我阅读了一些竞赛相关的经典教程，并且做了十多套联赛题，对数学竞赛最基本的思路有了一些把握。在高二，我第一次拿到省一等奖。此后，我又以"刷题为主，阅读竞赛书和大学教材为辅"的思路学习竞赛，高三时我进入省队并取得银牌。我感觉这个过程虽然有些许困难却充满乐趣，可以算作一个小小的成功。

要分析取得这个"成功"的原因，我所做的无非是"读书"和"刷题"。

一方面，通过阅读（比如大学教材或者竞赛书），我进行了整体性的学习，也就是让知识在头脑中形成体系。在解题的过程中，我们常常需要思路的跳转，由我们推出的一个算式或者某种结构去考虑处理它的方法。这就需要用到知识、方法之间的联系了。有的时候我们还要用到一定的创造性思维、概括性思维或者建模思维（比如看到国际象棋棋盘想到奇偶性，看到对称图形想到群论或者看到同余想到多项式，等等），而这些就更需要我们熟练把握知识之间的联系。读书恰好可以帮助我们构建知识体系，让思路更加连贯。这是因为书本的每个小节会围绕一个主题展开，逐步揭示和这个主题有关的研究，给我们一个全景式的解说。这时我们只要调用自己头脑中固有的逻辑，就可以轻松发现其中的联系，并且一次把握整个主题。

另一方面，通过刷题（专题或套卷），我们可以熟练运用已知的方法，并且在阅读答案的过程中，我们还可以认识新的方法，接触不一样的思想。长久下来就形成了我们的方法库，它们还可以供我们自由地调用，因为我们有使用它们的经验。刷题可以说是一种"刻意练习"，它将我们所学的知识落实到自己的头脑中，成为我们的"活知识"（也就是可以应用的知识，是相对于"死知识"而言的，"死知识"也就是仅可认知的知识），让我们达到"理解且熟练运用"的境地。苏步青老师说，他曾做过10000道微积分题，他在数学上的成就由此可见一斑。练习作为一种应用知识的方式，其过程充满挑战。综上所述，读书和刷题分别瞄准了知识体系的构建与熟练运用，其目标都在于积累自己的知识库、方法库，并培养自己对知识的应用能力。

"读书刷题学习法"的实际应用

既然理论上可行，那我们该如何使用"读书刷题学习法"来提升我们的学习效果呢？

以高中数学竞赛为例，我们首先要找到需要学习或提升的科目（比如初等数论或者组合学等），然后去搜集与之有关的资料和习题。这有多种途径，比如，向教练或者学长询问，吸取他们的经验；借助互联网，这样的问题一般都有他人的回复；还可以直接进入淘宝、京东或当当网等，搜索相关的书籍，我们可以先看简介、前言、目录或书评以了解阅读该书的知识基础要求、难度系数等有关信息，然后选择购买（如果有条件，也可以从老师、学长或者图书馆借阅，不过，有自己的书还是最好的）。要注意，贪多嚼不烂，东一锤子西一榔头必将事倍功半，浮于表浅。发扬钉钉子精神，一锤接着一锤敲，一茬接着一茬干，一本书一本书的读才是最好的。之后的工作就是开始读书或刷题了。

如果你是初学者，又没有基础，那么最好从头读到尾，每一个定义、定理，每一道习题都不要放过。地毯式阅读有利于我们形成最初步的知识体系，避免自己的知识体系从一开始就漏洞百出。如果你只是想要加强某个方面，那么可以选择自己的目标章节，阅读正文并完成习题（不建议跳过其中的基础）。此外，我们还要做综合性的习题来提升自己的应用能力、解题能力，让自己接受严格且充分的训练，达到"运用之妙，存乎一心"的境界。解题的过程就是锤炼自己思维的过程，只做简单的题会让我们形成思维的惰性，所以，充分的难题训练是必不可少的。我们要肯在难题上下功夫，充分地挖掘每一个子命题，用尽各种方法，没有解出就不能放弃。当然，也不要"死磕"，花费了很长时间实在想不出就可以去看答案。对照自己的解题思路与答案的不同之处，学习答案中的思路、方法，这种对比式的学习有利于我们查缺补漏，运用得当可以提高效率，事半功倍。

有了好的方法，不等于前进的道路就畅通无阻了。不过，这至少代表我们前进的方向是正确的，所以我们只用披荆斩棘，而不用怀疑道路的正确性。面对困难，我们要敢于尝试，善于调整。绝大多数情况下，我们很难一次就找到完全正确的道路，比如，你选择的书籍过于困难或者习题的难度超过了预期，你的计划就不再合适。那么，我们要进行合理的调整。这种调整可以是行动上的，也可以是思想上的。比如，书籍过难，你可以选择补充基础知识，也可以告诉自己面对困难，要毫不松懈，久久为功，但是你"啃"下这本书的目标不能动摇，不能只在木板薄的地方钻孔。瞄准目标久久为功，我们才能获得进步，达成最终的目标。

使用"读书刷题学习法"最大的一个好处在于让我们静下来与书本或习题进行深入交流，而不是浮于表浅的讨论。我们常常将题目分为两类：工业题（套路题）和科技题（非套路题）。解工业题的训练就是一个熟能生巧的过程，只要努力刷题、认真总结方法就能熟练掌握。但是科技题就不同了，虽然我们能抓住一些"套路"，但是它们不具有普适性，更不能串联起题目的思路。这种情况的出现，往往在于我们看问题的思路不对，而对于正确的思路（一般更高），我们没有真正吃透，也没有运用熟练。因此我们要想解出科技题，就要不断地拓宽自己的思路，学会从不同的角度看待问题。而"读书刷题学习法"正好可以为我们提供帮助。因为书本有一定的整体性，它在介绍一个论题时总会时不时地带出一些拓展的理论，这为我们拓宽自己的知识体系提供了知识来源。而通过刷题我们可以积累足够的经验，让自己熟练地应用新的知识与思路。两相结合，从无到有，再从有到优，用读书拓宽自己的视野，再用刷题让我们看清楚细节，我们就能不断攀登数学的高峰。

当然，根本不存在完全的"自学"，我所做的充其量只是"自我教育"。我们在初高中阶段所学的知识，要么是纸上得来的，要么是来源于老师的言传身教；即使是我们所做的实验和解出的习题，也都遍布前人的足迹。我认为，"自学"是搞研究，是从无到有，自己建构新的体系；而"自我教育"则是自己规划自己的学习之路和找到适合自己的学习方法，让自己的学习过程更高效。前者是发明创造，后者是排列组合。而我们作为学习者，获取的是前人的精神食粮。即使没有条件听大师授课，得到他们的指点，我们通过阅读他们的书籍，也可以吸取他们的思想和方法。所以，万水千山不忘来时路，时刻不要忘记自己是站在巨人的肩膀上，感谢那些发明理论与方法的科学家，也感谢那些搜集编纂图书与习题的老师们。是他们，创造出如此巍峨的学术之巅；也是他们，为我们攀登这学术之巅开路架桥，让我们少走弯路，让"自我教育"成为可能。

所以，同学们，你们还苦于自己没有名师引路，缺少前行的方向吗？那么，请你明确自己的目标，并去寻找适合自己的书本与习题，开始读书，开始刷题吧！相信自己，不断摸索，不断调整与改进，你终将达成高效学习，取得满意的学习效果。出发吧，愿你一路披荆斩棘，祝你圆梦理想的大学！

TIPS

❶ 我又以"刷题为主，阅读竞赛书和大学教材为辅"的思路学习竞赛，高三时我进入省队并取得银牌。

❷ 通过阅读（比如大学教材或者竞赛书），我进行了整体性的学习，也就是让知识在头脑中形成体系。

3 通过刷题（专题或套卷），我们可以熟练运用已知的方法，并且在阅读答案的过程中，我们还可以认识新的方法，接触不一样的思想。

4 以高中数学竞赛为例，我们首先要找到需要学习或提升的科目（比如初等数论或者组合学等），然后去搜集与之有关的资料和习题。

5 如果你是初学者，又没有基础，那么最好从头读到尾，每一个定义、定理，每一道习题都不要放过。地毯式阅读有利于我们形成最初步的知识体系，避免自己的知识体系从一开始就漏洞百出。

6 如果你只是想要加强某个方面，那么可以选择自己的目标章节，阅读正文并完成习题（不建议跳过其中的基础）。

7 我们还要做综合性的习题来提升自己的应用能力、解题能力，让自己接受严格且充分的训练，达到"运用之妙，存乎一心"的境界。

8 充分的难题训练是必不可少的。

9 解工业题（套路题）的训练就是一个熟能生巧的过程，只要努力刷题、认真总结方法就能熟练掌握。

10 想解出科技题（非套路题），就要不断地拓宽自己的思路，学会从不同的角度看待问题。

我学习数学的经验与教训

学生姓名： 石显杰

录取院系： 信息科学技术学院

毕业中学： 重庆市重庆南开中学

获奖信息： 2020 年全国中学生生物学联赛省三等奖

　　作为一名成功通过高考进入北京大学的学生，我虽然以往在年级中的成绩并不算特别优秀，但也算是通过自己的努力跨入了梦想中的大学。在此，我分享一些自己学习数学的经验与教训，供大家参考。希望大家在高考这条路上走得更顺、更直，能够走向梦想，走进理想的大学。

学习数学走过的弯路

　　当我第一次走进高中课堂时，数学就狠狠地给了我一个下马威。多次挂在及格线上的分数让我十分焦虑，并且使我深刻认识到高中数学体系与初中的截然不同。于是，我被迫将大部分精力都花在了数学上，上课尝试紧跟老师，试图去回答老师提的每一个问题，但这些努力并没有取得太大成效。究其原因，是我太想贯彻初中以来的学习模式，总想着在课堂上表现出自己很活跃，跟得上老师的思维步伐，这样的后果是自己对每一个问题的认识都十分粗浅，思考不够深入，逻辑不够严谨。总是一旦蹦出来一点想法便脱口而出，其结果往往是贻笑大方。更值得注意的是，我将自己在课堂上的积极表现视为自己听懂的体现，但这样的认识更是大错特错，我看似跟上了老师，其实充其量只是"听清楚了"，而不是"听懂了"。我的内心深处还保留着初中时只要上课认真就能够摆平一切的幼稚想法。没有起色的成绩和班主任的点拨渐渐让我意识到自己的学习方法存在问题，于是我开始重视，并着手改变。

数学学习渐入佳境

首先，我开始慢慢调整自己听课的模式，不再沉不住气，而是深入思考每个问题，寻找正确的、严谨的逻辑链条，尽力去把一个问题完美解决，或者是寻找多种办法中最优的一个或几个。一个好的听课者不一定要时时发言，但是思维一定要跟上老师，进入这样的状态，基本上就能够把控这一节课所学的内容了。

其次，我意识到课下复习的重要性。我在高中阶段的所有笔记中，数学笔记占了一大半，但在初中三年，我却几乎没有做过数学笔记。这意味着我对课下复习的重视程度是从零开始的。从一开始认为自己上课听了就会，到脚踏实地地整理、消化数学笔记，我走了许多弯路。这一转变是痛苦的，也是关键性的。当我能够通过复习笔记以及对课后习题的钻研与总结来进一步理解知识点，并逐步构建自己的知识框架时，我的数学成绩总算是略微有了一点起色。

高一的努力只是让我勉勉强强入了数学的门，但离熟练掌握还差着十万八千里。整个高二阶段，我的数学成绩总是起伏不定，徘徊在120分至130分之间，并且时常跌到110分。当我反思考试结果时，我总结了我数学考试成绩不理想的原因，也是高三后期我们各科老师反复强调的：考试考砸了一定不是因为压轴题没做对，而是因为基础题没做好。回想起来，我在高二时总是好高骛远，经常花精力钻研压轴题，而忽视了基础题的重要性，以至于在平时考试中总是得不到理想的成绩。俗话说：基础不牢，地动山摇。经过几次数学考试的失利，以及在班主任老师的一再强调下，我开始转变复习策略：加强对基础题的重视，阶段性地放松对压轴题的死磕，下定决心把基础打好，并做到极致。

这时候，我才发现想在基础题方面不失分也并不容易。在高手如云的高考战场上，无疑是细节决定成败。而我恰巧是一个大大咧咧的人，思维不够严谨，读题、审题不细致，这些也让我在考试中屡屡吃亏。经过我的观察，班里数学拔尖的同学其实也并不是压轴题次次都能拿满分，但他们答题卡的第一面却都不约而同地完美。对比我的试卷，每次周练选择题、填空题都会丢分，其中不乏计算粗心、题意理解错误、条件看错看漏等细心一些就能避免的问题。不过，世界上最远的距离便是知道和做到之间的距离。"细心"二字说起来简单，真要落实到每一次考试、每一次作业、每一道题目，却谈何容易？跨越这之间的距离我花了一年多的时间。

关于考试的一些心得

经过高中三年的摸爬滚打，我也算悟出了一些方法。

首先，态度要端正，不要对难题小心翼翼，对简单题便漫不经心。也许很多优秀的同学并不想变得自负，但他们的内心深处往往都是自负的。这值得警惕，同样也需要经历一系列挫折与教训才能够让大家把谦卑落实到心坎里。我的物理老师曾经说过："你们千万不要小看每一道题，否则你还真不知道是谁小看了谁。"只有一视同仁地对待每一道题目，才能真正做到脚踏实地，取得好成绩。

其次，在读题、审题方面要注重细节，特别是不要直接把以前做过的题目套进去。我的数学、物理、化学和生物老师都曾强调过：要把每一道题当作新题对待。的确，当到了高三后期，很多题目第一眼看上去就有印象，甚至答案在脑海中直接浮现，让人产生自己轻松做对的感觉。但不管题目做没做过，都要把当下的题目争取做到完美无误。所以每一次读题、审题都要打起精神，认真对待。我个人建议，读题时用笔勾画关键词句，眼神跟着笔尖走，这样可以在很大程度上避免因读题失误而失分的情况。

最后，在解题方面，有几点需要强调。第一是方法的选择。我的物理老师说过："花点时间选择方法反而能够节省时间。"当我们花足够的时间充分理解题目的条件，理清思路和逻辑，选出最优的解题方法时，就已经比未经思考见题就写而写到中途才发现思路不对的同学省下了很多时间。第二是注意书写过程的完整清晰。对于简单的题，我们要做到完美，确保零失分。对于压轴难题，我们要培养自己的踩分意识，确保排版清晰，书写工整，让自己的逻辑链条通过答题步骤清楚地展示在阅卷人眼前。值得补充的是，我在考试时常因做基础题时卡壳而开始慌张，进而影响整个考试的正常进行。如果大家遇到这种情况，要记得第一时间回到题目，看清楚条件，理解好题意。如果读了两三次题还没有一点头绪，这说明此题可能确实涉及你的知识盲区，建议直接放弃，毕竟顾全大局才是根本，而且说不定过完一遍题目再回头来做的时候，自己已经走出了思维怪圈，能够从正确的角度切入并且解决问题。

以上所述都是考试实战的策略。至于平时的提升，其实并没有特别的"武功秘籍"，唯一能保证你进步的方式就是，静下心来，认真刷题。当然，刷题也是需要方法的。我并不建议拿着一本教辅从头到尾地刷完。有的同学喜欢通过大量的、没有针对性的刷题来获得成就感与自我满足感，其实这样刷题的成效并不大。我建议大家针对自己的薄弱板块刷题，直到自己对这一板块的题能够做到得心应手。长久坚持下来，我们一定能够渐渐地完善自己的知识体系，也会对考试更有信心。

在高中学习阶段，我们需要摸索适合自己的学习方法，但千万记住，与老师交流是可以使我们事半功倍的。也许老师总是很严厉，但一定要相信班主任和科任老师可能比我们自己更清楚我们当下的状态，他们的评价对我们判断自己最近一段时间采取的学习策略是否有效非常重要。俗话说得好："当局者迷，旁观者清。"有时候我们自我感觉非常努力，但成绩却还是没有起色，那就需要警惕，我们是否在做感动自己但无效的事。这时候，我们可以与老师交流，解决自己的困惑，及时调整策略，尽快回到正轨上来。

再多的方法与技巧，其目的都是为了把有限的精力用到正确的地方，而努力才是最重要的。高中数学虽难，但并没有到考验我们智商和天赋的地步。我在高中阶段见过太多因为数学基础较好或者天赋过人便沾沾自喜、不下功夫的同学，这些人很可能会在后期被那些踏实勤奋的同学甩在身后。我们如果不肯花时间、花精力构筑好自己的知识大厦，总靠考试时的灵光乍现、奇思妙想，那么是不可能在高考数学上做到极致的。

最后，我想将自己高中生涯的信条"天道酬勤，善始克终"送给大家，它支撑我走完了整个高中，也见证了我身边许多同学的蜕变。在此祝福各位同学，能够凭借自身不懈的努力与超人的意志品质，走入理想的大学。

TIPS

❶ 我开始慢慢调整自己听课的模式，不再沉不住气，而是深入思考每个问题，寻找正确的、严谨的逻辑链条，尽力去把一个问题完美解决，或者是寻找多种办法中最优的一个或几个。

❷ 当我能够通过复习笔记以及对课后习题的钻研与总结来进一步理解知识点，并逐步构建自己的知识框架时，我的数学成绩总算是略微有了一点起色。

❸ 考试考砸了一定不是因为压轴题没做对，而是因为基础题没做好。

❹ 态度要端正，不要对难题便小心翼翼，对简单题便漫不经心。

❺ 在读题、审题方面要注重细节，特别是不要把以前做过的题目套进去。

❻ 当我们花足够的时间充分理解题目的条件，理清思路和逻辑，选出最优的解题方法时，就已经比未经思考见题就写而写到中途才发现思路不对的同学省下了很多时间。

英语篇

英语篇

英语学习法：构建记忆宫殿

学生姓名：郝桐

录取院系：中国语言文学系

毕业中学：江苏省苏州工业园区星海实验中学

获奖信息：2019—2020 学年度苏州市优秀学生干部

许多人在阅读《福尔摩斯探案集》时总会为福尔摩斯那构思精巧、宏伟浩大的记忆宫殿所折服，艳羡于其将记忆存储、整理于脑中的宫殿，于某种程度上将大脑升级为精密化的仪器，将记忆的存储与提取变成格式化且细密的工程的高超能力。彼时阅读，却不想一朝高考完回首反观，我对于记忆宫殿的探索，已然有了新的感悟。而我的记忆宫殿，在我的英语学科学习方面，让我受益良多，便在此以其为例着重阐述。

英语的学习，离不开词汇的积累、语法的掌握和写作的练习。而这其中，皆有记忆宫殿运用的痕迹可循。于是，我将从词汇、语法和写作方面一一展开论述。

词汇积累

在日常学习生活中，大量阅读文章是积累词汇的重要来源。无论是试卷上阅读篇目中的碎片词汇，还是各式词汇本中的条目清晰的单词表，都是不可或缺的词汇矿藏，在其中深挖探索，将不断扩充我的记忆宫殿的规模与容量。记得高二时，我曾一度沉迷于翻阅

《牛津英语词典》，其中的一词多义总能拨动我好奇与兴奋的神经，地道且原汁原味的固定短语搭配也让我兴趣盎然，熟词生义更是让我十分熟悉的单词有了别样新颖的面孔。积累单词的过程犹如结交至交，每一次相遇都伴随着未知的惊喜，每一次邂逅都是新的美好际遇。

然而，记忆宫殿的构建，并非仅仅是大量单词的堆砌，对单词合理的分类存放，可以让记忆条理分明，在我们需要使用时可以及时将其激活、利用。我曾使用的单词分类方法大致有三种：① 按词义分类，将意义相近或相似的词语打包记忆，由其一联想到其二，由简单联想到复杂，从而避免对于单词的遗漏缺失。② 按词根分类，将由同一词根衍生出的各形式的词语打包记忆。这种方式对于明晰词性，掌握单词的语法变化很有帮助，可以使我们更好地应对语法填空类的题型。③ 按应用场景分类，如将所有表示职业的单词或表示身体器官的单词打包记忆。曾有科学研究结果表明，人脑对于图像及色彩的记忆能力超过其对于文字字符的记忆能力。因此在按照应用场景记忆时，我们可以适当在大脑中想象相应的场景。例如，在记忆客厅场景中的物件的单词时，可以在脑海中浮现客厅的图景，将记住的单词对应的物件在脑海中一一展现，以加深记忆，避免遗漏。

将单词分门别类地打包，犹如将单词井井有条地存放于记忆宫殿的书架，这让记忆的提取变得轻松、便捷。而分类后存储的过程，就需要较强记忆力的加持。我常用的记忆单词的方式，是按照读音和音节记忆：记住发音，进而拼写出单词。此外，背单词也需要一些兴趣。平时，我会常听泰勒·斯威夫特等歌手的歌曲，在诗意的歌词中拾取单词，在听歌过程中不断加深记忆，并且在兴趣的沉淀下将其烙印于心底。另外，我还会观看一些欧美的电影，看电影的过程不仅可以让自己浸润于原汁原味的英语发音，还能提取许多常用的单词。总之，我采取多种让我感兴趣的方法，让单词的积累与记忆变成一件自发且主动的事情，从而充满动力。

语法掌握

在很多人眼中，英语纷繁复杂的语法是学习英语的一道天堑。情态动词、虚拟语气令人捉摸不透，定语从句、宾语从句、状语从句复杂混淆，时态转化变幻多端，主谓宾、主系表结构难以掌握，这些都让英语语法的学习成为难题。这也意味着英语语法的学习需要我们付出更多时间和精力。在英语语法的学习过程中，权威专业的语法辅导书是必不可少的，完整、全面且细致的语法知识输入是我们掌握语法的第一步。但是，要真正熟练掌握语法知识，还需要我们同时配合多种方式将语法知识内化于心，做到真正熟练掌握。及时适量的题目训练可以让我们尽快熟悉语法知识，在做题时，我们可以总结易错语法知识点，找到规律，这样在表达时就能更有意识地避免表达出错。除此之外，最好的有效学习方法是实际运用。我们可以通过及时练笔来熟悉语法知识，练笔不必写长篇大论，可以用造句的方式，进行简单的情景描述，并且将语法知识运用其中。在写作的过程中，将语法知识内化于心，并且及时纠正语法错误。另外，在日常生活中，我们可以经常阅读经典的英语原版小说，在原汁原味的语言表达中培养英语语感，寻找英语表达的感觉，以达到对语法知识更深的记忆。

写作练习

记忆宫殿中大量的高级词汇及短语表达是写作的重要基石及资源，但是一味地堆砌辞藻会让文章晦涩生硬，给阅读者造成障碍。因此，在写作时，我们应该将文章的流畅性和可读性作为写作的第一要义，而适当适时的高级词汇和固定短语的穿插运用则是锦上添花。文章既要流畅生动，也不能过于单调，这就需要我们在文章中增添亮点。例如，适时地变换句式，如倒装句、省略句等，让语言表达更生动丰富、灵活多样。同时，文章中也可以运用穿插从句，让两个独立的简单句变成复合句，使让语言表达更加简洁干练。

英语经典原版小说字里行间中采撷的零光片羽，成为我重要的写作资源。在阅读过程中，我会及时摘录优美惊艳的句子和语言表达，并且将其分类后储存于记忆宫殿中，我的分类类型大致有优美的环境描写、生动的动作和表情描写、诗意唯美的抒情片段、细腻的情感描写等，清晰明确的分类定位，能便于我在需要时快速地对应取用。但是，一味简单地照搬原文并非上策，在原文的文本内容中，提取句子的框架结构，总结句子的写作特点，并且在自己理解的基础上进行仿写，并做一定的升华，然后运用于写作，才是让文章充满亮点的真正可取之道。

要写好英语文章，最重要的是找到写作的激情，怀着对写作的热情与兴趣，我尝试了自创英语微小说。在创作过程中，我认识到，当发现自己可以用一门语言表达自己的心声和思想时，我们会不由自主地对其有更多的认同感，也就有了学好它的决心与动力。因此，自创英语微小说的方法更好地激发了我对英语写作的激情与兴趣。在多次的写作过程中，我慢慢发现，只有尝试着去理解、再创作、升华，并且灵活运用，才能够更好地掌握已有的知识点，更好地筑牢记忆宫殿之基，以成万丈高楼。

除了以上三个方面，在学习英语的过程中，练习口语也是必不可少的一个环节，练习口语不仅对提升听力水平大有裨益，也能让自己的英语表达更加自信。我们可以尝试在日常生活中运用英语，训练自己用英语交流的能力，如用英语交流、唱英语歌曲、给英语字幕配音、参加英语讲座、参加英语辩论赛等，让自己的英语表达更加自然、自信。

综上所述，构建英语记忆宫殿的过程，需要以汗水与勤奋为基，以兴趣与热爱为瓦，点滴积累，方能构造属于自己的记忆宫殿。

此外，记忆宫殿对于某些需要大量记忆背诵的学科，例如历史、政治，也同样有用。在学习历史、政治等学科时，我们面对繁重的背诵任务、零碎细散的知识点，难免会有一种时间不够用的无力感。此时，我们可以先将大篇幅的知识点浓缩成几个关键词，再采用建立思维导图的方式，构建起这些关键词之间的联系，从而在脑中建模，形成属于自己的知识体系与框架，进而形成记忆宫殿。思维导图可以先制作出主体框架，再填充细小的知识点作为分支，不断延展。制作思维导图可以将长篇大论的文字精简成碎片化的知识点，钩玄提要，并且将知识点串联，整合记忆，做到详略得当，因而思维导图是帮助我们构建记忆宫殿的高效工具。

以上就是我在学习英语的过程中运用记忆宫殿的方法，希望我的经验能够给读者朋友们提供一个可行的思路，若能有所裨益，我不胜荣幸。书山有路勤为径，业精于勤，行成于思。良好的学习方法是必不可少的技能加持，但是长期的坚持和努力才是获得进步的奥义。学海无涯，勤勉为舟，志向为帆，愿乘长风破万里浪，你我，永远在路上。

☼ *TIPS*

❶ 记得高二时，我曾一度沉迷于翻阅《牛津英语词典》，其中的一词多义总能拨动我好奇与兴奋的神经，地道且原汁原味的固定短语搭配也让我兴趣盎然，熟词生义更是让我十分熟悉的单词有了别样新颖的面孔。

❷ 对单词合理的分类存放，可以让记忆条理分明，在我们需要使用时可以及时将其激活、利用。我曾使用的单词分类方法大致有三种：① 按词义分类，将意义相近或相似的词语打包记忆；② 按词根分类，将由同一词根衍生出的各形式的词语打包记忆；③ 按应用场景分类，如将所有表示职业的单词打包记忆。

❸ 我常用的记忆单词的方式，是按照读音和音节记忆：记住发音，进而拼写出单词。

❹ 背单词也需要一些兴趣。平时，我会常听泰勒·斯威夫特等歌手的歌曲，还会观看一些欧美的电影。

❺ 及时适量的题目训练可以让我们尽快熟悉语法知识，在做题时，我们可以总结易错语法知识点，找到规律。

❻ 在写作时，我们应该将文章的流畅性和可读性作为写作的第一要义，而适当适时的高级词汇和固定短语的穿插运用则是锦上添花。

❼ 在阅读英语经典原版小说的过程中，我会及时摘录优美惊艳的句子和语言表达，将其分类后储存于记忆宫殿中，我的分类类型大致有优美的环境描写、生动的动作和表情描写、诗意唯美的抒情片段、细腻的情感描写等。

12

英语素养源于点滴

- 👤 **学生姓名**：黄彦钧
- 🎓 **录取院系**：城市与环境学院
- 🏛 **毕业中学**：福建省漳州实验中学
- ⭐ **获奖信息**：2019 年"外研社杯"全国中学生外语素养大赛福建地区（复赛）二等奖

英语在许多人眼里，是一门令人头疼的科目，单词难记忆，长难句仿若天书……笔者认为，英语学习不可一日无功，英语素养的提升不是一蹴而就，而源于每天的付出，只要遵循正确的学习方法，踏踏实实努力，就能提高英语能力。

听力部分

许多人听力薄弱的主要原因是自己不会拼读单词，或是无法将单词的读音与拼写联系起来。因此，我们要提升听力能力应从最基本的拼读开始，按照标注的音标或跟着录音带拼读课本中单词表上的单词。在拼读的过程中，我们不难发现，辅音字母对应的读音相对固定，而元音字母对应的读音往往千变万化。但万变不离其宗，通过长期的拼读练习，我们会慢慢掌握读音与拼写之间的联系，从而搭起单词的"形"与"声"之间的桥梁。

若拼读没有问题却无法理解听力文本，或是在脑子里处理听力文本的速度跟不上朗读者的语速，我们可以采取听写的方式提升听力能力：听一句语音就暂停，然后写下自己听到的内容，直到听写完整个听力材料后，再将自己写下的文本与听力文本进行比对，有错误或缺漏的句子反复听，以提高自己对单词的辨识速度。

阅读理解

单词和长难句是阅读的两大难点。对此，我们在日常的阅读练习中可以采取二次阅读的方式，充分利用阅读材料，快速积累单词、词组及句型。我总结了二次阅读的要点如下。

第一次阅读文章时，我们应当模拟英语考试时的紧张气氛，尽量高质快速地做完题目。我们应充分利用文章的编排方式、章节标题和提示词，圈画出文章的主旨内容、主要情感及作者态度。适当的圈画有利于我们快速熟悉文章各部分的内容，明确文章的脉络和框架，从而进一步理解文章的情节发展与作者的情感变化，这样能够极大地提高我们做题的速度和正确率。在做阅读理解中的细节题时，一定要在文章中画出选项对应的出处，不能仅凭印象或感觉答题，画线也有利于后续的检查。

第二次阅读文章是在订正完阅读答案后，这次阅读不再是以答题为导向的速读，而是以积累为导向的精读，需要逐句分析。

二次阅读不仅能扩充我们的词汇量，还能进一步挖掘作者遣词造句的奥妙，提高语法分析能力及写作能力，学习更地道的表达方式。

单词积累是我们阅读的重要前提，没有充足的单词积累，何谈读懂长篇的文章？除了熟练背诵考纲要求的 3500 个单词外，我们还应掌握其他的常用词汇。那么，我们从哪里积累这些单词呢？我们平时做的阅读练习就是最合适的积累单词的材料。积累单词的时间也是有讲究的——积累单词，一定要在第二次阅读时。我们如果在第一次阅读时就不断翻阅词典查找单词，不仅会导致思维被中断、阅读效率低下，使我们难以对文章内容有一个整体的把握，影响答题效率，阅读速度也得不到锻炼和提高，而且会导致我们在考试时无法适应快速的阅读节奏。在第二次阅读时，也不能不顾上下文直接查找生词，这样第二次阅读就成了一个机械翻译的过程。通过这种方式积累的单词，其释义和用法是割裂的，无法培养英语思维，语感也无法得到提高，并不能达到二次阅读的效果。因此，积累单词的时候需要先通读句子，联系上下文推测出单词的意义，再查阅词典，这不仅利于我们从容应对考试中出现的生词，而且使我们对词义的理解和用法记忆得更加深刻。

长难句可谓语法学习中的难点。许多人在阅读的时候，往往会产生"这句子里的每一个单词我都懂，但是连起来我就不明白了"的困惑，解决这个困惑的关键就在长难句。面对长难句，我们需要将主从句分开分析，抓住主从句的主语、谓语、宾语等成分，判断从句在主句中充当的成分，以及连接词在从句中充当的成分，从而实现长难句的简化。学会分析长难句之后，我们可以试着利用所学的语法知识写出包含各种复合句的句子，这能极大提升我们的写作能力，让我们的作文更加出彩。面对长难句，若只是通过个别单词猜测句子意思而不知道如何分析句子，就没有办法达到真正理解文章的目的。因此，在第二次阅读时，层层分析长难句，有利于更好地掌握语法知识，帮助我们在有限的时间内轻松写出高级句子，拿下更高的分数。

俗话说，"好记性不如烂笔头"。在第二次阅读的过程中，我们需要将好词好句摘抄到积累本上。摘抄的好词好句，可以是重要的词汇、长难句，也可以是名人名言或古人谚语。我们可以时常翻阅积累本，记下这些好词好句，为我们的作文增光添彩。

除了以上方法，还可以同学之间相互组队，每天共同翻译一篇英语文章（推荐长度适中、语法难度较高的文章），互相纠错。通过这种方式每日练习，我们能极大提高自己分析长难句的能力，也能在繁忙的学习生活中放松自己紧绷的神经。

完形填空

完形填空是许多同学的"重灾区"，也是英语高手和其他同学拉开差距的关键部分。完形填空不仅对词组搭配、词汇理解有较高的要求，还需要结合题目和选项判断文章的发展方向、作者的情感倾向等。我根据个人的经验总结了以下应对完形填空的一些方法。

第一，通读全文，了解文章大致内容。许多人在做题时，没有先通读全文就直接开始作答，导致作答的时候更多的是照着自己所设想的方向选择答案，而偏离文章的原意。因此，作答之前先通读文章，能避免"先入为主"的现象发生，提高答题的准确率。

第二，填完选项后，将所选单词填入空格，再通读全文，反复推敲，看是否有逻辑错误。将所选单词填入空格中是因为题目的填空处与选项之间的距离较远，有时填了下空忘了上空，不利于我们对文章的把握和理解。将选项填回到题目内，可以使文章更加完整，有利于发挥英语语感的作用，减少出错的概率。

第三，订正答案后，分析选错选项的原因：是因为词组不熟，还是词汇理解有偏差？是因为想法有偏差，还是句子分析有误？分析错误原因，并总结如何避免下次出错，有价值的错题可以记录到错题本中。

第四，重视词典里对单词的英文解释和例句。完形填空的难点还在于对近义词用法的考查，词典中单词的中文释义很多时候并没有那么准确，因此记忆单词的英文解释和例句能帮助我们更好地区分近义词，深入理解单词的用法，从而更好地应对完形填空。

第五，如果完形填空的正确率已经较高，可以采用盲填的方式：在读题时，先把选项遮起来，直接根据上下文推敲空格内应填的单词，再对应选项作答。

七　选　五

七选五和完形填空的形式较为相近，但在作答方法上差异较大，七选五更注重考查句与句之间的联系，而非词组的用法与意义。因此，抓住重点单词（如关联词、代词、文章出现的原词等）对做七选五很有帮助。我根据个人的经验总结了以下做七选五时的一些注意事项。

第一，先通读文章和选项，圈画文章和选项中的关联词，理清文章逻辑链条。

第二，关注代词。分析句子成分，厘清代词所指代的人、事、物，从而推断上下文的内容。

第三，注意文章中出现的原词。原词再现是一个重要的作答方向，但有时候也有可能是出题者故意设计的陷阱，这需要我们根据文章的意思进行具体的判断。

语法填空

语法填空考查的内容较为综合，主要为介词的搭配、单词的变形和代词、连接词的使用等，需要我们拥有较为深厚的语法功底，同时对长难句的分析能力要求较高。做这类题没有太多的技巧可言，多做题，多积累，弥补自己的不足，就能达到较高的正确率。

应用文写作

写作的过程是将"input"转化为"output"的过程，要求我们能在考场上熟练运用自己学过的单词、词组、句式和语法等，因此写作对英语能力的考查较为全面。许多人刚开始练习写作时都有这样一个问题：背了很多的好词好句，学了很多的语法，但在写作的时候却不知道如何运用。我认为，提升写作能力主要可以从以下几个方面入手。

（1）熟练掌握各种应用文体的格式和要求。常用的应用文体主要分为建议信、邀请信、公告和报道等，我们需要根据不同文体选择不同的写作方向，若是开始写作的时候就没有明确写作文体，文章的写作方向就容易发生偏差。

（2）练习运用高级词汇及句式。在平时练习中，我们可以将素材积累本放在旁边翻阅，对照着作文题目选择自己要运用的词汇及句式。此外，我们还可以在考试过后修改自己的文章，将低级词汇转化为高级词汇，将简单句式扩充为高级句式。持续的练习能让我们将高级词汇及句式运用得更加熟练，从而提升文章的质量。

（3）在平时的积累中，有意识地为自己的写作积累高级表达。例如，常用的形容词"sincere"，我发现它有一个同义的高级词"cordial"，我就会将"cordial"纳入作文积累本中。又例如，在引用名言时我们常常用"as sb. said"，在阅读的过程中我发现了更地道的表达"as sb. put it"，我也会将这种表达记录在积累本中。

（4）不可过分追求高级的表达方式。试想，若是文章通篇都是长难句，改卷老师在很短的时间内通读文章也会感到生硬拗口。因此，在保证表达流畅的情况下，尽量确保语言地道、句式多样才是获得高分的关键。

读后续写

读后续写的练习方法和应用文差别不大，但积累的词汇和表达有所差异。此外，我们要把握试卷所给的题目、故事开头及段首句，确定故事的大致发展方向。续写的情节往往没有固定的答案，只要逻辑合理、语言生动、描写细腻，就能拿到不错的分数。

考试时间安排

新高考的写作部分新增了读后续写的新题型，因此需要我们提高做题速度，为后续的写作留下充足的时间。一般而言，应用文写作时间大约在 15 分钟左右，读后续写所需时间约为 20 ～ 30 分钟，这就要求我们从听力部分到语法填空要在一个半小时内作答完毕。在日常练习中，我们可以通过限时训练的方式模拟考场紧张的气氛，达到提高做题速度的效果。

英语能力不是一朝一夕能提升的，坚持每天多学半小时英语，日积月累就能实现从量变到质变的飞跃。学弟学妹们加油！你们的征途是星辰大海！

TIPS

❶ 通过长期的拼读练习，我们会慢慢掌握读音与拼写之间的联系，从而搭起单词的"形"与"声"之间的桥梁。

❷ 我们可以采取听写的方式提升听力能力：听一句语音就暂停，然后写下自己听到的内容，直到听写完整个听力材料后，再将自己写

下的文本与听力文本进行比对，有错误或缺漏的句子反复听，以提高自己对单词的辨识速度。

❸ 单词和长难句是阅读的两大难点。对此，我们在日常的阅读练习中可以采取二次阅读的方式，充分利用阅读材料，快速积累单词、词组及句型。

❹ 应对完形填空的方法：① 通读全文，了解文章大致内容。② 填完选项后，将所选单词填入空格，再通读全文，反复推敲，看是否有逻辑错误。③ 订正答案后，分析选错选项的原因。④ 重视词典里对单词的英文解释和例句。⑤ 如果完形填空的正确率已经较高，可以采用盲填的方式：在读题时，先把选项遮起来，直接根据上下文推敲空格内应填的单词，再对应选项作答。

❺ 做七选五时的方法：① 通读文章和选项，圈画文章和选项当中的关联词，理清文章逻辑链条。② 关注代词。③ 注意文章当中出现的原词。

❻ 提升写作能力的方法：① 熟练掌握各种应用文体的格式和要求。② 练习运用高级词汇及句式。③ 有意识地为自己的写作积累高级表达。④ 不可过分追求高级的表达方式。

❼ 应用文写作时间大约在 15 分钟左右，读后续写所需时间约为 20～30 分钟，这就要求我们从听力部分到语法填空要在一个半小时内作答完毕。

"英化"你的生活

🔹 **学生姓名：** 连烨

🔹 **录取院系：** 信息科学技术学院

🔹 **毕业中学：** 福建省三明市第二中学

🔹 **获奖信息：** 2019 年"外研社杯"全国中学生外语素养大赛福建
地区（决赛）二等奖
2017 年大田县优秀共青团员

回望历史，巨人们的丰功伟绩，离不开"开眼看世界"；展望未来，任何想在"地球村"上跻身精英行列的人，都离不开对国际语言的熟练使用。在我国如今的教育体制下，英语既可以是毁灭梦想的拦路虎，又可以是助力登天的"筋斗云"。作为一个与英语"相爱相杀"一路走来的"English holic（英语痴）"，我愿意将自己学习英语的一些方法分享给大家。

"英化"的必要性

先让我们解决几个问题：英语是什么？为什么我们要学英语？请记住，请永远记住：英语，是一门语言！许多人抱着一种"英语是和数学一样的'学科'"的观念来学习英语，靠死记硬背"掌握知识"，靠不断刷题"提高水平"，靠课外培训"提高成绩"，还美其名曰"应试技巧"。这些显然都不是学习英语的长久之策。

为什么说"英化"对于英语学习很重要，其实归根结底是"语言环境"对于语言学习十分重要。就像我们很轻松地就能说普通话，美国的孩子能用英语流利地交流。这很好理解，因为中国的孩子就在时刻不停地使用中文；美国的孩子每一分钟都在和英语打交道。反复接受和表达，实质上就是反复训练。这启发我们，如果我们也能在日常生活中任何使用语言的场合尝试使用英语，那我们其实就和美国的小孩处在相同的语言学习环境中，那么随之而来的英语学习效果也就不言而喻了。

当然，有人会质疑：应对考试而已，我们是否需要这么高的英语水平？我认为，英语水平一定是越高越好。正如，正在为中考的某道数学压轴题冥思苦想、"哀嚎连连"的初三学生很难想象，自己在高中短短学习半年后，也许就会觉得这道压轴题是送分题。站在一个比考试难度更高的能力高度，一览众山小，会让我们在考场上更加游刃有余。

"英化"娱乐生活

事实上，任何娱乐形式都可以与英语学习相结合，这不是夸大其词！以篮球、足球等运动为例，我们可以在运动过程中尝试使用英语的术语，也可以观看英语解说的比赛（初学最好带有双语字幕）。下面介绍我个人喜欢的学习英语的一些娱乐形式。

一是听英文歌曲。"子在齐闻《韶》，三月不知肉味。"音乐自古以来就是人们缓解压力、放松情绪的最有效的方式。首先，你需要选择一首优秀的英文歌曲；其次，先把歌词浏览一遍，查阅生词；最后，单曲循环数日，这首歌曲的旋律和歌词将注入你的灵魂，"刻在你的DNA上"。就这样，你成功地掌握了一整首英文歌歌词，这其中不乏对考试大有裨益的词组、句子。这一形式的好处在于，让你随时随地学习英语。

二是看英文影视作品。英文影视作品是最贴近生活的，因此也是学习地道英语表达的不二法门。通过英文影视作品学习英语，推荐大家观看有双语字幕的视频，效果最佳。在观看电影的过程中，如果遇到自己没见过的英语单词，要去查阅；更重要的是，如果遇到熟词生义，及时查询、记忆，是一个提升"词汇质量"的好方法（词汇质量，是指对记忆范围内词汇的理解程度）。在观看影视作品时，我们还可以了解影视作品（尤其是对话中）的文化背景，以及不同文化背景下的文化现象，这对我们了解地道的英语表达有所帮助。作为一个"Marvel fan（漫威迷）"，漫威电影就是我的心头千金。一部漫威电影，我可以看上五遍；对于一些经典的桥段，我会把它加入我的"daily list（每日清单）"，熟读成诵。出于对漫威电影的喜爱，我经常会模仿漫威电影中的角色和对话。值得一提的是，每次模仿之后我都会把自己的语音与原桥段做比较，尽全力贴近演员的发音、语气和语调。这也让我的英语发音水平和听力水平，都有了相当大的提升。对于我很熟悉的片段，我也会刻意不看中英文字幕，从而锻炼自己的听力水平。

下面举一个例子：

曾经有一段《复仇者联盟3：无限战争》中的台词，在我的反复表演下屡次让我的朋友"抓狂"："Hear me and rejoice！ You have had the privilege of being saved by the Great Titan. You may think this is suffering. No... it is salvation. The universal scales tip toward balance because of your sacrifice. Smile... for even in death, you have become children of Thanos."（——Ebony Maw）

初看这个片段时，这段独白中有数个生词：rejoice, privilege, scale, 等等。经过查阅后，我记住了它们分别在该片段中的含义：（使）愉悦，特权，天平。这里值得注意的是，scale 是一个多义词，但是我们的记忆能力是有限的，我们既然选择了这个片段作为记忆背景，就只需要记住 scale 在这里的含义，其他的含义可以在未来遇到后再记忆，我觉得这样的记忆效率更高。演员在独白的过程中情绪非常丰富，语气中盛气凌人，还略带虔诚。当我真正在反复练习中领悟到演员的情感时，其实我的意群划分、断句的能力已经有了质的飞跃，语法水平（例如该片段中的现在完成时等）自然也会在语感得到提升的同时逐渐提高。

"英化" 碎片化时间

曾经看过一个 TED（Technology，Entertainment，Design，即技术、娱乐、设计，是美国的一家私有非营利机构）的演讲视频，演讲者指出：人平均一天有接近两个小时的可利用的碎片化时间，包括坐地铁、等待服务员上菜，甚至是等待自己的方便面泡开。这实际上是一个非常惊人的数字：这意味着人的一生中，有将近十二分之一的时间是碎片化时间！而乘坐地铁时刷短视频的你，等待服务员上菜时傻乎乎地四处乱看的你，甚至是等待方便面泡开的五分钟什么都不做的你，正在浪费这十二分之一的人生！正在挥霍前后将近七年的时光！写作文需要文思泉涌，做理科题需要一气呵成，在这种情况下，把碎片化时间用于英语学习，是最好的选择。

如何利用碎片化时间学习英语呢？这里提供几个我长期使用且卓有成效的办法。

一是利用视频平台观看一些英语演讲或英语辩论的视频。如，观看名人的英语演讲视频，或是观看牛津辩论赛等，都是提升英语素养的有效之道。同样是刷短视频，一些低质量的"土嗨"视频带来的是负面影响，而观看英语演讲视频，不仅能让我们逐步提升英语水平，而且可以使我们加深对国际局势、经济、政治的了解，有益无害。与观看英语影视作品类似，演讲视频也应尽量选择有双语字幕的，并且及时查询生词和熟词生义。这里也为大家提供一些经验：特朗普的演讲视频适合高二以下水平的同学，高二之后可以尝试挑战奥巴马、里根等的演讲视频。另外，必须要强调的一点是：在观看这些演讲视频时，要理性看待西方人士的言论，保持自己的独立思考。

二是在碎片化时间学会自我构建场景进行训练。首先我明确一个事实：英语能力要求我们能够把具象或抽象事物与英语单词或词组直接建立联系。例如，看到笔记本电脑，我们不应先想到"笔记本电脑"这个中文词汇，再翻译为"laptop"，这个额外的翻译过程大大降低了英语表达的效率和准确度（许多英语单词并非与中文词汇一一对应的）。我们应该在面对这块"发光屏幕和键盘的联合体"时，同时想到"笔记本电脑"和"laptop"。这个过程就需要日常训练：躺在床上睡不着时，可以回想今天参加的活动，并用英语加以描述；坐在公交车上百无聊赖时，可以尝试用英语描述车外的景物；在闲暇时，还可以回味自己喜欢的电影片段，背诵喜欢的英语文章或诗歌，甚至自己想象场景，自己和自己对话。这些方法都是我英语的听力、口语、写作、阅读等各方面取得长足进展的妙招。

英语学习小窍门

（1）榨干：英语课本上的所有知识点、老师讲过的所有知识、练习过程中的所有知识点都要记下来。我个人上课的原则："老师讲的一律听到、老师讲的一律听懂、老师强调的一律记下。"我经常在周末闲暇时翻开英语书，一遍又一遍地复习知识点（高中时期一本书往往要复习十几遍）。英语是一门有律规可循的语言，前期的辛苦工作必将换来后期做题时的游刃有余。

（2）充分利用翻译工具:《牛津高阶英语词典》是学习英语的必备的工具之一，其优势在于会给出每个单词的所有释义、词组，而且还有丰富的例句便于理解。翻阅纸质书太过麻烦，使用翻译软件既能快速查找，又能保留记录，方便复习，我个人建议使用带有《牛津高阶英语词典》资源的翻译软件。

（3）背例句，背范文：这里对例句记忆程度要求不高，只要能对着墙壁复述一遍即可；背诵范文一定要做到第二天能够再次默写的程度。

（4）刷题：刷题在这里不是一个应试概念，刷合适的题，是为了找到最适合自己阅读能力的英语文章，并确保阅读质量的最好的方式。

（5）用音标记忆单词：英语是一门拼音语言，以发音为导向，先有发音，后有拼写。如果使用死记硬背字母组合的方式来记忆单词，不仅效率比较低，而且往往容易"记错"和"记混"。我们先记住发音和词义，后根据音标记住拼写，记忆效果更佳。

我能给各位读者的只有如上干货，如果还有，那只能是——祝你不负你看过的每一幕星辰！

TIPS

❶ "语言环境"对于语言学习十分重要。

❷ 学习英语的一些娱乐形式：① 听英文歌曲；② 看英文影视作品。

❸ 把碎片化时间用于英语学习，是最好的选择：① 利用视频平台观看一些英语演讲或英语辩论的视频。② 学会自我构建场景进行训练，如坐在公交车上百无聊赖时，可以尝试用英语描述车外的景物。

❹ 英语课本上的所有知识点、老师讲过的所有知识、练习过程中的所有知识点都要记下来。

❺ 使用翻译软件既能快速查找，又能保留记录，方便复习，我个人建议使用带有《牛津高阶英语词典》资源的翻译软件。

❻ 记单词时，先记住发音和词义，后根据音标记住拼写，记忆效果更佳。

文综篇

文

综

篇

以"思""治"悯，秉学报国

● **学生姓名：** 姚雯惠

● **录取院系：** 信息管理系

🏛 **毕业中学：** 吉林省梅河口市第五中学

⭐ **获奖信息：** 2021 年吉林省"最美中学生"

从小我就立志考入北京大学。这不仅是因为它优美的校园环境、雄厚的师资力量、深厚的文化底蕴，更是因为这里有全国最优秀的老师、同学催我进步，助我成长。如今的我终于圆梦北大，开启了在巍巍博雅塔下、融融未名湖边求学问道的新旅程。回想高中三年，有笑有泪，有苦有乐，而很多记忆片段都与政治这门学科相关，毕竟，这是我最感兴趣也最擅长的学科。那么关于如何学好政治，我也有一些自己的见解。

思　　考

学而不思则罔。对于像政治这样的文科类学科，思考往往比做题更重要。这里不是说学习政治不用做题，而是说相比于盲目刷题，有效思考更加重要。这里的思考，就是我们家乡话所说的"多琢磨"，琢磨透每一道题的问法，每一个备选项，琢磨出一套独属于自己的答题技巧和作答体系。还记得以前的我每当遇到一些"错中选最错"的选择题时，就会去问老师，我选的这个选项为什么不对，但后来我开始慢慢调整自己，学着去问自己：为什么要选这个选项？我们只有学着换一种思考错题的方式，尝试着接受答案、理解答案，才更有可能选出正确的选项。不只是选择题，在做主观题时，思考同样非常重要。我们不仅要总结主观题答案的每个采分点，还要总结主观题作答的常用术语，并把它们记在专门的笔记本上，一目了然，方便复习。另外，把相近的知识归类，把易混的知识对比记忆，把习题与书本有机结合也不失为学好政治的好办法。

思　　维

运筹帷幄之中，决胜千里之外。对于我们学生来说，刷题是我们绕不开的话题，有一个正确的思维作指导对于高效刷题至关重要。我认为拥有考试思维就更有利于提高我们刷题的效率。这里的考试思维指的是实践性思维，是真正让刷题服务于学习、服务于学业，做到刷有所得、刷有所获。

首先，我们要避免进入从刷题量找满足感的思维怪圈。尤其是在高三后期，有些同学为了多刷题甚至挤占课堂上的时间。实际上，每堂课都是老师根据复习进度和学生知识掌握情况精心设计的。认真听课可以帮助我们抓住知识的重难点，提高学习效率，远比盲目刷题更有意义。否则，边听边写，注意力不集中，课听不全，知识理解不到位，刷再多的题也不会有质的改变。

其次，我建议要计时刷题，特别是做试卷时，一定要计时完成。这样才能模拟真实考试状态，对时间分配、做题习惯等关于考试的注意事项做到心中有数，才能更好地应对大型考试中的各种突发情况。

再次，我认为刷题一定要强调顺序性、层次性。就个人而言，我会去先刷、多刷我掌握最薄弱的知识模块，后刷、少刷较为擅长的知识模块，有的放矢，对症下药。我有这样一个体会：越是擅长的知识，你就越想去学它，越是薄弱的知识，就越不想学。这样就会导致强项越来越强，弱项越来越弱，形成一个非常可怕的死循环。这个时候，我们就要逼迫自己跳出舒适圈，勇敢地面对自己的弱势，正视弱点，补齐短板。

最后，秉持着刷题服务于学业的思维，题目的选择也要难易结合、繁简适当。既不能只刷简单题，忽视了对难题、新题的把握和练习，导致考场遇到难题心慌紧张，也不能一味难题至上，陷入"偏难怪"的怪圈，那结果只能是"基础不牢，地动山摇"。

反　　思

静坐常思己过。对于政治学科的学习，反思是必不可少的一环。反思能让我们的学习更有目的性、方向性，让我们付出的努力更有价值，能让我们更加了解自我，及时把握自己的学习状态。反思错题，可以帮助我们发现自己还存在漏洞的知识模块；反思短板，可以帮助我们调整精力分配，改进时间管理；反思作业的完成情况，可以帮助我们及时调整身心状态，让我们保持高效，劳逸结合；反思背诵任务的执行进度，可以帮助我们制订更适合自己的学习计划，熟练记忆，稳步向前；反思近期成绩波动，可以帮助我们改善学习方法，走出学习瓶颈，向着目标继续出发……反思没有一成不变的、统一的方式，而是因人而异，具体问题具体分析。反思可以落在笔尖，写在错题本上，标在相对应的知识点旁边，分门别类，高效复习；反思也可以浮现在脑海，吃饭时，睡觉前，上学路上，做习题后，随时随地，见缝插针。吾日三省吾身，不仅有助于成绩的提高，而且对于减少不良习惯、保持身心健康、找到真实的自我也有很大帮助。

思　　辨

吾爱吾师，吾更爱真理。课堂上如果遇到不懂的知识点，我们要大胆提问，刨根问底，援疑质理，敢于质疑，绝对不能蒙混过关，否则知识漏洞早晚会演变为"成绩塌方"。但提问绝对不是简单的发问，不是对自身疏忽的简单知识点的机械重复，不是为了提问而提问的刷存在感，而是需要从整体考量，围绕重点，对学习内容和自己的掌握情况有一个精准的考量，探明自己的疑点和难点所在，通过提问真正把知识内化为自己的能力。

"路漫漫其修远兮，吾将上下而求索。"一个会学习的人，一定是具有强烈的问题意识的人，会在学习生活中经常意识到一些问题或疑惑，并积极地去探索和求证。机遇都是给有准备、有追求的人的，"问题意识"不是片刻拥有的技能，不是心血来潮的激情，不是钻牛角尖的固执，而是大胆质疑加上勇敢提问，需要的是新旧知识的贯通，是理论与实践的结合，更是持续的努力和专注的探索。

思　　政

绝知此事要躬行。所谓："知之不行，虽敦必困。"政治是一门活学活用的学科。我们在熟练掌握书本知识的同时，还要学会把知识运用到生活中。这不仅有助于我们加深对知识的印象，也有助于培养我们的思政意识，帮助我们树立正确的三观，厚植家国情怀，在关键时刻做出正确的选择。面对中美贸易摩擦，《经济生活》告诉我们：经济全球化形势下，合作共赢才是中美乃至全球经贸共同发展的唯一选择；面对"台独"势力死灰复燃，《政治生活》告诉我们：捍卫国家主权和领土完整是每一个中华儿女共同的使命和责任；面对个人英雄主义蚕食民族文化，《文化生活》告诉我们：我中华文化博大精深、源远流长，粗粝能甘、纷华不染是我中华儿女该有的风骨；面对金钱利益的诱惑，《哲学生活》告诉我们：人的价值在于劳动和奉献……风声雨声读书声，声声入耳；家事国事天下事，事事关心。想要学好政治决不能死读书，更要投身实践，关心时事，体验生活，知行合一，学以致用。

如今的我已经圆梦燕园。在这里，无论是北京大学的学术氛围还是燕园学子的家国情怀，都值得我去向往，去追寻。进入大学，我将继续保持对政治学科的浓厚兴趣，学好思政课，树立正确的三观，自觉践行社会主义核心价值观。我将在努力学好信息管理与信息系统专业课的同时，尽可能多地学习和掌握计算机、大数据等相关知识，并努力通过专业知识服务于国家建设，争取成为复合型人才；主动了解国内外大事，尝试针对时事问题建言献策，利用信息技术把中国方案讲给世界听；在实现自身价值的同时为祖国建设发光发热，争做担当民族复兴大任的时代新人。

TIPS

❶ 对于像政治这样的文科类学科，思考往往比题量更重要。

❷ 我们要避免进入从刷题量找满足感的思维怪圈，不要为了多刷题而占用课堂上的时间。认真听课可以帮助我们抓住知识的重难点，提高学习效率，远比盲目刷题更有意义。

❸ 我建议要计时刷题，特别是做试卷时，一定要计时完成。

❹ 我会去先刷、多刷我掌握最薄弱的知识模块，后刷、少刷较为擅长的知识模块，有的放矢，对症下药。

❺ 题目的选择也要难易结合，繁简适当。

❻ 课堂上如果遇到不懂的知识点，我们要大胆提问，刨根问底，援疑质理，敢于质疑，绝对不能蒙混过关，否则知识漏洞早晚会演变为"成绩塌方"。

千年风韵纸案间

👤 **学生姓名：** 李嘉奕

🎓 **录取院系：** 历史学系

🏛 **毕业中学：** 江西省丰城中学

⭐ **获奖信息：** 第 20 届世界华人学生作文大赛全国二等奖

揭开朱红色扉页，抚着北京大学录取通知书上自己的名字，我仿佛已置身巍巍博雅塔下聆教，融融未名湖畔读书。初高中的江河，六年的俯仰泅渡，我已抵达河岸。而今，在大学广阔的知识海洋前，我又是海滩上拾贝的孩子，努力寻找着那些闪闪发亮的贝壳与珍珠。

选择历史系，选择皓首穷经，选择对话古人、神交千年，不只因为擅长，更是缘于热爱。高中的时候，历史是我的强项学科，我不仅多次分数在 90 分以上，而且喜欢和老师一起品评题目优劣，探索课本外的世界。

在揭开人生新篇章之际，我想将自己独特的历史学习经验和方法分享给学弟学妹，希望在助力他们高考的同时，也能将我对历史的这一份热爱传递给他们。

兴趣是最好的老师

我是从初一开始接触历史，因为它是开卷考试，我对它并未花太多心思。高一时，我刚接触高考题，它与初中时考法完全不同，奇妙的设问、复杂的材料也曾经令我无所适从。即使到了高三，也会有思维奇葩的题目扰乱我的心绪（后文详叙）。的确，任何一个科目都不容小视，都不是从一开始就能学到极致的。但只要以认真的态度结合科学的方法，相信我们都能够收获满意的果实。

其实各个学科之间都有相通之处，想要学好高中历史，首先应该对它抱有兴趣。张载曾言："人若志趣不远，心不在焉，虽学无成。"我在初三时遇到了一位非常好的历史老师，是他引导我从"学史"走向了"史学"。在高一时，他总是跳出课本，以幽默的方式给我们拓展知识点。即使在高三最紧张的时刻，他也喜欢在我们的习题后面额外附上一两个精心挑选的"美题"。正是在他的指导下，我始终对历史保持着热忱，也有着源源不断的干劲。

或许并不是每一位历史老师都喜欢把历史讲成故事，也或许对于学习历史来说，一份严肃是必不可少的，但这并不妨碍我们培养对它的兴趣。我们可以抽空看一些历史纪录片，听一听《百家讲坛》，甚至可以从一些有趣的野史入手，既欣赏历史水面的粼粼波光，又感受历史水下的神秘深邃。

夯实基础

当我们有了兴趣，又有了学好历史坚定不移的决心，就应当从学习基础知识入手啦！高中历史的学科基础主要是相应的史实和课本上对史实作出的解释与评价。从高一到高三，我们有很长一段时间可以静下心来识记，不仅要做到"胸有成竹"，记牢每一个知识点；更要跳出课本框架，按照时间顺序或者领域构建起完整的体系和史学观。这样既可以由一个知识点发散到多个，又能在多个中找到根本，做到瞻前顾后、提纲挈领。

有的同学可能会抱怨，反复大声读了多次，但仍然记不住。我来讲讲我记文综知识点的小窍门：读书的时候不应该仅仅是"口到"，更应该"眼到、耳到、心到"——眼睛看一遍、嘴巴念一遍、耳朵听到一遍。此外，在读每一句话的同时，要用心思考这句话背后可以分解出几层意思，它是作为背景还是影响存在的？跟其他的句子是怎样的逻辑关系？这些句子组成的这一段话又是在讲哪个知识点？如果我们朗读时脑子也跟着飞速运转起来，那么读了一遍就相当于读了多遍，背诵起来自然就容易许多了！

相信大家都知道艾宾浩斯记忆曲线，方法再巧妙，并不意味着我们能做到"过目不忘"，背诵之后还应该及时巩固，有遗忘的应及时翻书以查漏补缺。

解题技巧

"假舆马者，非利足也，而致千里；假舟楫者，非能水也，而绝江河。君子生非异也，善假于物也。"要想在历史这一学科取得好的成绩，除了要掌握好基础知识外，还应该掌握一定的解题方法与技巧。

一、选择题

先说历史选择题，选择题由题干、设问、选项三部分组成，而每一部分又有很多种类型。我们只有熟练地识别这些类型，并且针对具体问题具体分析，面对试题才能做到"一见如故"。

题干可以分为文字型、图表型，但本质上都是信息的载体，所以读题的第一步就是抓住关键词、时间、语气词，甚至标点符号等，尽可能地获得更多的解题信息。

历史选择题主要考查四类问题：① 历史表象背后所反映的本质；

② 促使历史表象产生的原因、背景条件和目的；③ 历史表象引发的结果的影响意义和作用；④ 历史表象的推理和推断。而这四类问题都有不同的设问关键词，第①类问题的设问一般有"反映""体现"等关键词；第②类问题的设问一般有"旨在""促使"等关键词；第③类问题的设问一般有"促进了""有利于"等关键词；而第④类问题的设问中大多含有"这"字，"这"字后面也可以跟其他类型的答案。知道这些不仅能够让我们在寻找信息的时候更具有针对性，也能让我们在选项排查中过滤一些答非所问的选项。

最后说说选项，也许大家都遇到过这样的烦恼：觉得这个选项有一定的道理，那个选项也好像还不错，犹犹豫豫选了一个，却发现正确答案根本就不在这两个之中。先表达下我的理解，对于选项，主要应该掌握的是它们的设错方式，常见的设错类型如下：

① 不符史实（时间、人物、地点）；

② 程度失当（表述绝对）；

③ 答非所问（选项与设问不符、选项与材料无关）；

④ 不符主旨或者反映表层未反映主旨；

⑤ 以偏概全（只摘取材料的部分信息，对材料理解不全面）；

⑥ 混淆因果；

⑦ 不符合唯物史观或与国家意志相违。

了解以上这些设错的类型，我们就可以判断出一些选项到底错在哪里。

二、大题

再说说大题，它同样包含材料与设问两个部分，只不过大题没有选项，需要我们自己组织答案。一方面材料成段，更加考验我们对材料的筛查能力；另一方面，答案往往涉及多个方面，需要我们全方位思考，并且用合适的语言表述出来。我做大题的顺序是：先看设问，再带着问题去读材料，读的过程中把有用的信息画下来，再把这些有用的信息转化成合适的语言填到答题卡上。但是材料里的信息并非答案的唯一来源，还应找到材料对应的知识点，把与题目有关系的点填上。

方法暂说到这里。其实这些做题的方法更多的是我个人的归纳和总结，大家也应该在学习的过程中找到适合自己的方法。经常听到"文科科目需要语感"这样的说法，其实是有一定道理的。从应试的角度看，我们应当立足高考的特点和自身的思维能力，这会影响我们"从什么角度出发？""怎样想？"。我们可以通过以下方式来提升思维能力：熟读课本，课堂上更加投入地跟着老师的思维走；多做高考题，揣摩出题人的思路。

除了上面谈到的基础、方法和思维，我平时课后还会读一些史学名著，比如陈旭麓的《近代中国社会的新陈代谢》、斯塔夫里阿诺斯的《全球通史：从史前到21世纪》。阅读史学名著一方面可以使我接触到丰富的史料，开阔视野；另一方面，我也喜欢自己从里面择取材料，自己编一些题目，培养从出题人角度思考的习惯。慢慢地，我也能够看出一道选择题出得好不好，哪个文字题是由其他题型改编的，等等。

以上就是我在高中阶段学习历史的"秘籍"，希望能够为大学提供一些启发，也希望大家在实践中寻找到自己的"武林绝学"。

☼ TIPS

❶ 想要学好高中历史，首先应该对它抱有兴趣。我们可以抽空看一些历史纪录片，听一听《百家讲坛》，甚至可以从一些有趣的野史入手来提升我们对历史学科的兴趣。

❷ 从高一到高三，我们有很长一段时间可以静下心来识记，不仅要做到"胸有成竹"，记牢每一个知识点；更要跳出课本框架，按照时间顺序或者领域构建起完整的体系和史学观。

❸ 记文综知识点的小窍门：读书的时候不应该仅仅是"口到"，更应该"眼到、耳到、心到"——眼睛看一遍、嘴巴念一遍、耳朵听到一遍。

❹ 方法再巧妙，并不意味着我们能做到"过目不忘"，背诵之后还应该及时巩固，有遗忘的及时翻书以查漏补缺。

❺ 历史选择题，选择题由题干、设问、选项三部分组成，而每一部分又有很多种类型。我们只有熟练地识别这些类型，并且针对具体问题具体分析，面对试题才能做到"一见如故"。

❻ 我做大题的顺序是：先看设问，再带着问题去读材料，读的过程中把有用的信息画下来，再把这些有用的信息转化成合适的语言填到答题卡上。

历史答题技巧与学习方法分享

学生姓名：刘偲

录取院系：法学院

毕业中学：湖南省长沙市湖南师范大学附属中学

选择题提分技巧

一、历史选择题的类型

我一般把选择题归为三大类：考查史实类，考查逻辑类，考查历史素养类。考查史实类的选择题通常就是立足于某一个关键历史事件或几个历史事件的相互关联部分出题的。考查逻辑类的选择题主要考查考生对题干、设问、题肢的逻辑匹配度，以及整体与部分、原因与结果、主要与次要、主观与客观等之间的关系的掌握情况。考查历史素养类的选择题主要考查考生对史料价值、多元史观、特殊历史名词等的理解。

我个人认为考查史实类的选择题可以算是基础题，模拟题里出得比较多，后两者则略有拔高，也是高考更青睐的题型。

二、历史选择题的错题整理

我们在整理错题时，也可以将做错的选择题进行分类。

如果考查史实类错得比较多，可能是基础知识掌握得不够好，建议加强背记。背记的方法我放在后面介绍。

如果考查逻辑类错得比较多，盲目背记可能没有太大帮助，应更注重做题技巧的训练。比如，我之前就总是犯一类错误，如材料说的是 A+B（=C），我只选择了 A 或 B，而不是更具概括性的 C。后来我在老师的指导下加强了对材料逻辑划分的训练，果然就很少再犯这样的错误了。

光是这么说可能不好理解，下面我以一道题为例进行说明。

同盟会成立初期，孙中山指出："现代文明国家最难解决者，即为社会问题，实较种族政治两大问题同一重要。我国虽因工商业尚未发达，而社会纠纷不多，但为未雨绸缪计，不可不杜渐防微，以谋人民全体之福利。欲解决社会问题，则平均地权之方法，乃实行之第一步。"由此可见（   ）。

A. 中国工商业不发达难以实现民生主义

B. 民族民主革命比实现民生主义更重要

C. 民生主义的目标是为人民全体谋福利

D. 实现民生主义先要废除封建土地制度

我选了 D，而正确答案是 C。

将材料分段分层之后，不难发现孙中山共讲了三句话，句句指向 C 选项，而只有最后一句话才指向 D。所以对比过后，C 项比 D 项更合适。

考查历史素养的选择题比较灵活，但一般也考得比较少。要做好这类题需要的不仅是背记和技巧，更是一种设身处地、进入情境的能力，想象自己如果是历史学家，会做出哪种反应、怎样处理手中得到的历史材料。当然，出题老师不会故意刁难，因此通常只要我们足够关注材料的条件、语气，又积累了足够的常识，答案不难得出。

非选择题提分方法

做非选择题类型的题主要要解决"题目在问什么？""写什么？"和"怎么写？"几个问题，我将围绕这三个问题来分享我的方法。

一、题目在问什么？

我印象比较深刻的是一次模考题，题目如下。

材料二：英国东印度公司创立于 1600 年，最初的正式全名是"伦敦商人在东印度贸易的公司"，是一个股份公司。1600 年 12 月 31 日英格兰女王伊丽莎白一世授予该公司皇家特许状，给予它在印度贸易的特权而组成，实际上这个特许状给予东印度贸易的垄断权 21 年。东印度公司还获得了协助统治和军事职能，从一个商业贸易企业变成印度的实际主宰者，英国通过东印度公司在印度垄断鸦片、食盐和烟草贸易。其中，鸦片收入约占公司总收入的七分之一。强迫孟加拉国的农民种植鸦片，再走私运到中国销售，从中牟取暴利。1858 年被解除行政权力。1874 年 1 月 1 日解散。

——摘编自〔日〕浅田实著《东印度公司》

英国《泰晤士报》曾评价东印度公司：在人类历史上它完成了任何一个公司从未肩负过，和在今后的历史中可能也不会肩负的任务。结合材料二和所学知识，谈谈你的看法。（8 分）（要求：观点明确，史论结合，表述清晰）

这道题的考法很巧妙，乍一看好像是只针对题干中这句"完成了任何一个公司从未肩负过……的任务"的评价，实则设问中一句"结合材料二"，就使得讨论范围扩大了，我们的回答就应结合材料和题干的观点，对英国东印度公司持辩证态度，既提到它的正面影响，又提到它的负面影响。如果只提它的负面影响或正面影响，显然都是不全面的。

二、写什么？

我出现"写什么？"这样的困惑通常是在做一个小题多个设问且赋分很多的题目时，如"问题 A？问题 B？问题 C？（16 分）"。

这种情况下怎样安排答题结构？怎样判断哪些题目需要更多笔墨？

以我个人的经验来看，如果问题 A 是问史实，那么默认是 1 分一个知识点；如果问题 B 与问题 C 设问比较灵活，那么要尽可能地多答一些，将点分得更细一些，再加上一些概括性的答案要点。总之，要在有限的范围内尽可能地写出更多有效答案。有效答案，指的是少说废话，尽可能一行就是一个要点，不要把一个要点重复讲。这样，不管标准答案是细节版、阶段版还是概括版，我们都有更高的概率得分。

我之前经常把几个点合成一个点答，无端丢了很多的分。这其实是我对命题者思路不够了解的结果。解决方法就是多对比标准答案，多总结自己混淆的知识点。比如，我之前老把"对外开放"和"市场经济"混为一谈，注意到这一点之后就很少再犯类似的错误。

总的来说，回答非选择题类型的题目角度分得越细越好。

三、怎么写？

我就是那种经常"话到嘴边不知如何说"的答题选手。我的答题语言基本可以归为几种错误类型——"不够简洁""不够具体""不够规范、正式"。

"不够简洁"，顾名思义，就是太啰唆。一般一个要点在 15 个字以内写完是最好，这也是我们通常一行字的字数。

"不够具体"与"不够简洁"相反。因为之前我的答题语言过于啰唆，所以后来我不断训练自己的概括能力，很少用材料中的原句。但后来发现很多标准答案其实就是采用材料中的关键词。我又开始改变策略，开始训练自己用材料中本来就有的词简洁作答，果然好了很多。

"不够规范、正式"主要还是因为历史素养不高。一个解决方法就是多积累答题语言。仔细比对自己的语言与标准答案的语言之间的差距，把高考题青睐的表述方式多读几遍，慢慢地，你的答题语言就会更加规范、正式。

背记方法

历史是一门需要大量背记的科目。因此，我认为历史科目的背记方法尤为重要，下面我将分为两大部分即"背什么？"和"怎么背？"，分享我的学习方法。

一、背什么？

我把历史书中的知识点分为"常识""常考""模糊考""刁钻考"和"几乎不考"几类。

"常识"型知识点并不一定代表所有人都知道，而是指这是出卷老师眼中的常识。比方，鸦片战争的时间、地点，第一次工业革命与第二次工业革命的时间和成就，文艺复兴、宗教改革和启蒙运动的时间和传播路径等。这些影响深远、耳熟能详的事件，我们可以按照新闻六要素，"五个 W"和"一个 H"进行记忆：Who（何人）、What（何事）、When（何时）、Where（何地）、Why（何故）、How（如何）。也可按"时间、地点、人物、事件的起因、经过、结果"的几个要素进行记忆。这些知识点通常不会直接考，但它们会成为很多选择题和非选择题中默认的背景知识，如果不知道这些，考生就很难做对相应的题目。记忆"常识"型知识点，需要经常温习。

"常考"型知识点通常在史实类选择题和大题第一小问中出现。这些知识点的特点是记忆点比较细碎，容易忘，平时用得不多，但又比较重要。比如，白瓷、青花瓷的出现时间，四大名镇，历朝历代著名的水利工程，各学派代表人物的主张及其时代，毛主席的著名文章及其发表时间和主旨大意，等等。这些知识点我通常会在考前集中背记一遍，平时抽一些零碎时间复习，比如排队时。

"模糊考"型知识点是指通常在考试中不要求掌握精确的时间和内容的知识，非专业人士用得少，考得也少。比如，对于各大艺术流派，我们只需大致记忆它们的时间段、特色和代表作即可，不需要耗费太多精力背记。对于这类知识点我一般是课堂当场记忆，在考前稍作温习。

"刁钻考"型知识点，顾名思义，就是偶尔出现在一些比较注重细节的考题中的知识。就我的经验来看，出现略微频繁的有：1991年两极格局瓦解之后才说"世界多极化趋势进一步加强"；1846年英国废除《谷物法》标志着英国自由贸易时代的开始。这些点一般都是刷题得来的经验，辩证看待，考前看一看即可。

"几乎不考"型知识点并不是真的不考，只是考到的概率比较小。比如"文化大革命"等，略有了解即可。

二、怎么背?

明确了最迫切需要记忆的知识点之后，就可以制订背记计划了。根据学校的课程时间安排，找出所有可以利用的零碎时间点，如下课十分钟、上下学途中、课间操途中等，规划好这些时间段的背记内容，通常可以背记"常识"和"常考"型知识点。

除此之外，还要按照艾宾浩斯记忆曲线安排每个知识点的背记频率。尤其是"常识"型知识点，我通常是按照半天、一天、两天、四天、一星期、半个月、一个月的频率来安排背记。

TIPS

❶ 一般把选择题归为三大类：考查史实类，考查逻辑类，考查历史素养类。考查史实类错得比较多，可能是基础知识掌握得不够好，建议加强背记。考查逻辑类错得比较多，盲目背记可能没什么太大帮助，应更注重做题技巧的训练。考查历史素养的选择题比较灵活，但一般也考得比较少。要做好这类题需要的不仅是背记和技巧，更是一种设身处地、进入情境的能力。

❷ 做非选择题类型的题主要要解决"题目在问什么？""写什么？"和"怎么写？"几个问题。

❸ 有效答案，指的是少说废话，尽可能一行就是一个要点，不要把一个要点重复讲。

❹ 回答非选择题类型的题目角度分得越细越好。

❺ "常识"型知识点通常不会直接考，但它们会成为很多选择题和非选择题中默认的背景知识；可以按照新闻六要素，"五个W"和"一个H"进行记忆，需要经常温习。

❻ "常考"型知识点通常在史实类选择题和大题第一小问中出现。这些知识点我通常会在考前集中背记一遍，平时抽一些零碎时间复习，比如排队时。

❼ "模糊考"型知识点考得少，对于这类知识点我一般是课堂当场记忆，在考前稍作温习。

❽ "刁钻考"型知识点偶尔会出现在一些比较注重细节的考题中，考前看一看即可。

像对待宇宙一样对待地理

学生姓名：崔鸿飞

录取院系：国际关系学院

毕业中学：陕西省西安市西北工业大学附属中学

在庚子年的夏天，我结束了高中时光。我很开心也十分荣幸能以北大学姐的身份向学弟学妹们分享我亲测有效的学习经验和方法。作为一个文科生，下面我将介绍我学习地理学科的一些方法。

自我心理调适至关重要

首先，我最重要的学习秘籍就是对待学习的态度并以此作为自我心理调适的关键。我一直坚信一句话：以爱好来引导学习，学习就是第一好玩的事。看到这里你可能会觉得这不过是一句"假大空"的套话。但是，请你相信我，一定要继续往下看。下文中我介绍的所有学习方法以及我本人高考的成功都是以此为基础的，是我可以在巍巍博雅塔下、融融未名湖边求学问道的必要条件，是我在"暗无天日"的高三成功自救的重要前提。

在大多数人的眼里，高中尤其是高三，它的色调是黑暗无光的。刷不完的卷子习题、无数次的模考、令人焦虑又难堪的分数、同学间明里暗里的竞争压力、老师对你的态度变化……几乎每一位高三学子都曾在绵绵无尽的黑夜里辗转反侧。这是很正常的现象，我很多的北大同学在高三时都有过这样的感受。但是，"正常"却并不等同于"这种现象可以成为常态"。当焦虑超过了精神承受力的底线，心理便位于崩溃的边缘。所以，这个时候需要我们静下心来，逐渐无视促使我们焦虑的因素。既然情况已经如此糟糕了，那么不妨换一种思维方式去思考和面对现状。当你以好奇和探索的眼光去学习文科、理科里的奥妙规则，去认真地想一想为什么会出现这样的问题。是哪些细小的因素按照哪种逻辑顺序汇聚在一起促成了问题现状的产生？出题人给了我哪些线索，我的知识库中又有哪些知识可以帮助我按图索骥、条分缕析地"破案"？我解决了这个问题后可以帮助我什么？……比起"我一定要考上哪所大学""我很想进入年级前十"这些"功利"的目标，如何利用现有的条件最大程度提升自己才是最重要的。这应该贯穿你的一生而并非仅仅出现在作为"进入高等学府，找到高薪工作"跳板的三年里。"你越功利，世界对你越神秘。"想通了这些，并且努力使大脑时刻处于活跃、发散、联想的状态，确立"学习就是第一好玩的事"的积极心态，这些科目的学习都将助力你以后的人生。探索和思考愈深愈繁复，美和智慧的形象反而愈透彻和清明，再去看生活中的事，就自然而然删繁就简。

地理学习方法

地理绝对是很多学习文科的朋友最为头疼的学科之一。但是，地理却是我的提分学科（高三的华大联盟中取得全联盟第二名、西工大附中第一名的成绩；高考地理选择题全对，单科分数大概 90 分）。和数学一样，地理是一门需要深入思考、十分注重逻辑思维的学科。在我高三上学期如上所述改变了我的学习态度后，我惊讶地发现高中地理的魅力是千百倍的大。下面介绍我的地理学习方法。

一、抓住课堂

在学习新知以及一轮、二轮复习的课堂上，一定要认真听课，聚精会神，思维跟着老师走，必要时可以跟老师互动。这样做会使你对知识的理解更加深刻，记忆更加牢固。老师讲课时基本会按照由浅入深的、"是什么、为什么、怎么做"的逻辑顺序引导我们，这也是我们人类探索未知世界时的自然顺序。长此以往，你会发现在你研究陌生习题时，脑海里会自然而然出现某节课老师强调过的知识点、考虑的因素等，完全不会为思考不全面的问题而忧虑。记笔记也是必需的，但不要为记笔记而记笔记。我们要时刻跟着老师的节奏，迅速记下关键点，不要让记笔记打乱听课的节奏。请牢记：上课的唯一目标，就是获取新知、学习新思维。

二、自主思考

在课堂上，老师有时为了赶时间，不会仔细讲解每一个问题。这就需要你自己去发现问题并加以思考。比如，在讲工业集聚的优点时，老师只是将"降低成本、形成规模效应等"一一列举在课件上，没有讲解为什么工业集聚会有这些优点。我当时的做法是将问题用红笔写在课本上，先听老师的讲解，课后再自己思考。于是那一天的晚自习我反复研读了工业集聚的定义，并且尝试自己去推导工业集聚为什么会降低成本？因为很多类似或者存在工业联系的企业布局在一起，可以共用基础设施、共担水电等费用；存在上下游产业联系的企业可以大大节省原料、零件、产品的运费。而这也就解释了为什么工业集聚常发生在大宗货物重工业园区初期以及新兴工业园区这些工业生产运输上成本较高的工业类型中。当然，原因还有很多，大家可以自己思考。自己通过思考后获得的与别人直接讲给你听的效果是不一样的，通过思考你对这个问题的了解会更深入、对有关概念的定义更明晰，你对学好地理的自信心也会逐渐提升并转化为你对这门学科的热爱。我思考完后，第二天早上就去找地理老师陈述了我的观点，并且得到了老师的称赞和指正。至此，我才算解决了这个问题，也实实在在感受到了自主思考的魅力。

在后来的一次模考中，很多同学因为只记住了老师说工业集聚常出现在工业发展初期而将新兴工业运输成本较高这一点忘记了，没能真正理解工业集聚对于现代工业的意义而丢分。而我因为曾经自主探索过这个问题，印象深刻，所以将那 4 分的选择题轻松拿下。

这件事对我的触动很大，所以在我后来学习地理的过程中，都是遵循了这样的方法：先是好奇心驱使，脑子里总有一堆问题；然后自己猜测尝试解答；再找同学讨论；最后请教老师，问题得到解决或者产生新的问题。

三、学会利用一切可利用的资源

像我们学校在一轮复习时集体订阅了参考书，如《5 年高考 3 年模拟》《教材帮》《600 分考点 700 分考法》等。我很喜欢这类参考书，因为讲解得很细致、全面，而且会以图表箭头的形式展示知识点之间的联系。但是，正因为它过于细致而老师讲课很快，所以常常不能在课堂上将这本书物尽其用。这就需要你课下主动去仔细阅读。这类书上通常每一课都配套有高考真题和模拟好题，我们要认真去做这些题，不要管时间，一定要绞尽脑汁地去思考，直到实在是不知道还要写些什么了，再去核对答案。这样我们的思考会更深入，印象会更深刻。

四、如何高质量做题

首先，审题非常重要！仔细研读题设中的每一句话，这就是破解"迷案"的线索，用笔标记是一种很好的方法。我在高考考场上做选择题时在重要信息下画上了横线，甚至在试卷空白处写了"批注"——将题目中较为生涩难懂的词转化为我可以理解的意思，确保我没有误读题意并能集中注意力保持连贯思维。"出题人想要告诉我什么呢？"我常常在读完题后这样问自己。

其次，就是"绞尽脑汁地思考"。结合题意，联想自己的知识库和老师上课时的讲述，写出答案。这个过程就是"破案"的过程，坚持自主思考，一开始也许会很痛苦，但坚持下来，我们的思维能力一定能得到提升。

最后，核对答案。一道经典题的答案利用得好可以抵过做一百道题！首先，对照标准答案来订正答案。初期我建议不要偷懒，把标准答案上你没想到的点原封不动地抄下来。这样做一来可以加深印象，二来可以训练答题语言规范和积累更多专业术语。其次，认真研读解析，找到自己想不到答案的原因，总结自己的不足。任何事物都有自己发展的规律，地理也不例外。做题时，注意总结关键词，如 A 问题需要考虑 a、b、c、d 几种因素，总结后自己要去推理为什么是这几种因素，它们之间潜在的关系是什么。

五、放飞自我，用心感受地理的美

我非常喜欢自然地理，会用心去感受大自然的鬼斧神工：日食月食的烧脑魅力；南非的桌山——上帝的餐桌；牙买加的蓝山——蓝色梦幻奇迹；丹霞流水地貌——流淌的朱岩……经过自己的思考去探索这些神奇地貌背后的成因，会更加感叹大自然的伟大。这些感叹，常常给予我追求更好生活的动力和面对挫折的勇气。当你以真诚的心对待地理，地理也会认真而温暖地回报你。浩渺无垠的宇宙里分布着闪烁的群星和灿烂的星云，迷人又美丽，吸引人类不断地探索和思考。像对待宇宙一样对待地理吧，那里也是一个奇妙的世界。

不只是地理，上述方法适用于任何一门学科，每一门学科都有它独特而含蓄的美，会教给我们不同的道理。最后，希望学弟学妹们都能在黑暗中寻觅到一束光，真正去爱和拥抱这些迷人又美丽的科学，不断充实自己，实现人生理想！

TIPS

❶　我们要时刻跟着老师的节奏，迅速记下关键点，不要让记笔记打乱听课的节奏。请牢记：上课的唯一目标，就是获取新知、学习新思维。

❷　在课堂上，老师有时为了赶时间，不会仔细讲解每一个问题。这就需要你自己去发现问题并加以思考。

❸　在我后来学习地理的过程中，都是遵循了这样的方法：先是好奇心驱使，脑子里总有一堆问题；然后自己猜测尝试解答；再找同学讨论；最后请教老师，问题得到解决或者产生新的问题。

❹　这类书上通常每一课都配套有高考真题和模拟好题，我们要认真去做这些题，不要管时间，一定要绞尽脑汁地去思考，直到实在是不知道还要写些什么了，再去核对答案。

❺　我在高考考场上做选择题时在重要信息下画上了横线，甚至在试卷空白处写了"批注"——将题目中较为生涩难懂的词转化为我可以理解的意思，确保我没有误读题意并能集中注意力保持连贯思维。

❻　一道经典题的答案利用得好可以抵过做一百道题！

在课外阅读中升华素养

👮 **学生姓名：** 宋拯宇

🎓 **录取院系：** 历史学系

🏛 **毕业中学：** 湖南省常德市澧县第一中学

我有幸考入北京大学，有人问我有什么好的经验可介绍。我自认为，在高中三年，除了勤奋努力，好的学习方法和学习习惯也十分重要。找到好的学习方法，养成好的学习习惯，便能事半功倍。在这里，我想将自己文综方面的一些学习体会写下，分享给大家，希望对大家有所帮助。

文综的特点

有不少同学称文综为玄学，所谓玄之又玄，众妙之门。这主要是由文综学科的特点决定的：① 试题不拘泥于具体的知识点，而是内容、方法和原理的综合体，考查考生对问题的整体认识和把握。② 始终关注社会热点问题，观点不一。③ 三大学科之间既有关联又有区别，学科之间相关联的知识点易混淆。④ 三大学科在"是什么，为什么，怎么做"上的侧重点各有不同，采用做题技巧时易弄混。⑤ 三大学科对识记课本内容的要求不同，知识应用程度也不同。政治要求对课本识记牢固准确，因为政治材料题中必须引用教材观点；历史则注重了解，对历史事件的过程有一定的认识，对历史事件发生的原因与产生的影响有一定的分析能力；地理则侧重理解，对识记课本内容要求不高（经常有同学死记硬背地理教材，在考试中却发现考试内容与教材无关），因为地理教材上的例子，考试中一般不会考，地理教材的意义在于让你通过实例来理解地理意义、地理过程、地理现象等，如果在考试中不会思维迁移，那么只会惨败。⑥ 选择题易模棱两可，二选一却最终选错；材料题给分随机性大，要点全面性要求高。

综上所述，文综学习的关键，不在于背多少遍书，记得有多精准（当然，文综必须背诵，书上的知识仍是基础，也需要通过书本知识进行思维联想，开枝散叶，因为高考的蓝本始终围绕教材，只不过不必要刻意去背很多遍书，或去死记硬背），而在于提升文综学科的素养，于扎实基础上再雕朱阁。

什么是文综素养？

在我看来，文综素养就如同语文和英语的语感一样，在做题中极其好用。文综素养对于文综三科而言各有差异，如：历史学科为唯物史观、时空观念、史料实证、历史解释、家国情怀等；政治学科为政治认同、科学精神、法治意识、公共参与等；地理学科为人地协调观、地理实践力、综合思维等。具备文综素养能让你轻松地找到题目的发问点；在做选择题面临二选一时不用多思考就能选出正确答案；在做材料题时除了能快速从材料中找到答题要点，还能自己补充相关知识点。因此，提升文综素养，对文综成绩的提高大有裨益。

如何提升文综素养？

在我看来，提升文综素养可以从以下几点出发。

首先，学习最大的动力就是保持对学习的兴趣，所以提升文综素养最重要的是保持并提高对三个学科的兴趣。我们可以努力使自己喜欢上历史、政治、地理等相关的文字材料，也可以使自己喜欢上该学科的任教老师，再由此去提高对该学科的兴趣。我们如果始终带着一种抵触、畏惧的心理，那么是不可能提高学习成绩的。除此之外，我们还可以通过多看看纪录片、课外书、新闻联播等来提高自己对文综的兴趣。

其次，可以通过大量的阅读和思考来提高文综素养。正如培养英语语感一样，每天练听力、读英语美文，语感自然而然就会提升。而提升文综素养可以多阅读课外书籍，获得更多与学科相关联的课外知识。这样在做题时能联想到的知识点更全面广泛，选答案时头脑里可用于参考的内容更丰富。同时，还可以在课外阅读中进行经常性思考，学习书中的逻辑思维，提升自己的推断能力，并能形成自己的见解。经过练习，在答题时要点会更完整，相应得分也会越高。

在这里可以给大家推荐几本书：《习近平谈治国理政》《中国通史》《中国近代史纲》《新全球史：文明的传承与交流》《全球通史：从史前到 21 世纪》《中国国家地理》《矛盾论》等。这些可以自己选读，学有余力者可以尽量多读，且不必太过紧张，尽量放松心态地阅读，这样效果会更佳。大家在阅读过程中可以适当圈点勾画，可以在原文旁写下自己的感悟与思考，亦可以自己截取一段文字，自我命题，自我拟答案，也可以与同学交换书籍，交换自己的命题。

需要强调的是，课外阅读只能利用课外时间进行，而不能在上课时偷看课外书籍，否则老师所讲的知识未掌握，基础不牢，即使读再多的课外书籍也无济于事。同时，要分配好每种课外书的阅读时间，不能只读某一个学科的课外书籍，而要广泛涉猎，否则不仅可能会丧失对某一学科的兴趣，而且做题思维、思路可能变得单一化。

最后，可以通过多做题来获取知识，提升文综素养。作为学生，我们大部分时间都是待在学校，所能接触到的知识量其实也有限，所能读到的书也较少，因此可以通过多做文综题目来获取知识。文综的题目都附有相应材料，且材料有一定的长度，而每一则材料都可以作为阅读资料，成为补充知识，在阅读过程中我们要圈点勾画，以加深印象，将题目内化为自己的知识，并在今后做题时能够迅速联想迁移。再者，文综素养的提高也离不开熟能生巧的过程，庖丁解牛，佝偻承蜩，无他，唯手熟尔。刷题其实就是熟能生巧的过程，通过刷题，我们能找出考点和规律，并在刷题的过程中应用自己所探寻的学习方法，并使其熟练。

历史对于我来说是兴趣，我从初中开始，便很喜欢历史，阅读了很多相关书籍，了解了很多历史知识。因此，我的历史成绩总能以相对高分取得优势，在高考中，历史成绩也拔高了我的分数和名次。而地理对于我来说难度较大，尤其是进入高中后，地理难度猛增，我的地理成绩几次不及格，让我心慌意乱。但是，我们班一位同学（现在在清华大学就读）几乎每次地理考试都能拔得头筹，我与他交流后，发现他几乎拥有每期《中国国家地理》的杂志，他的很多课外阅读时间都花在这上面，也因此他的地理知识量和地理素养远远在我们之上，那些对我们来说很难的题目材料，可能他已经在杂志上有所了解，答题时他所想到的要点也比我们更多、更精准。在这之后，我经常找他借书看，我的地理成绩也慢慢提高了，并逐渐总结出了自己的做题方法。政治对于高二的我是短板学科，那时政治老师要求我做大量的材料题而不是选择题，开始时我十分不解，直到政治成绩慢慢提高，对材料也比较熟悉，我才发觉做材料题时竟意外地轻松，这要归功于大量的材料题练习，让我有机会阅读大量材料和时事热点。通过这些方法和坚持不懈的努力，我的文综素养不断得到提高，文综成绩越来越稳定，在考试中文综成为我的提分利器。

TIPS

❶ 文综学习的关键，不在于背多少遍书，记得有多精准（当然，文综必须背诵，书上的知识仍是基础，也需要通过书本知识进行思维联想，开枝散叶，因为高考的蓝本始终围绕教材，只不过不必要刻意去背很多遍书，或去死记硬背），而在于提升文综学科的素养，于扎实基础上再雕朱阁。

❷ 我们可以努力使自己喜欢上历史、政治、地理等相关的文字材料，也可以使自己喜欢上该学科的任教老师，再由此去提高对该学科的兴趣。

❸ 可以通过大量的阅读和思考来提高文综素养；还可以通过多做题来获取知识，提升文综素养。

❹ 课外阅读只能利用课外时间进行，而不能在上课时偷看课外书籍，否则老师所讲的知识未掌握，基础不牢，即使读再多的课外书籍也无济于事。

理

综

篇

理综篇

关于高中阶段物理学习的心得

学生姓名：杨泽斌

录取院系：信息科学技术学院

毕业中学：河北省石家庄市第二中学

获奖信息：2019 年全国中学生物理竞赛省二等奖

时光飞逝，转眼间高中三年已经在汗水与泪水中悄然流走。如今，我坐在未名湖畔，回忆高中这段浸透了汗水的时光，似与老友交谈。我有幸通过强基计划被北京大学信息科学技术学院应用物理学专业录取，大学四年又将与物理为伴，特于今日回忆高中阶段物理学科的学习历程，将学习过程中的一些心得分享给大家。

论心态与态度

一、初识与接受

从初中第一次接触物理开始，每每谈起物理，很多同学都会因其复杂的思维和庞大的计算量而望而却步，形成了物理难学的印象，一传十，十传百……如今正值课程改革，很多同学都希望不再选择物理以避其锋芒，似乎物理成了大家希望摆脱的对象。然而，物理真如人们所讲的那样只有超级学霸才能学好的吗？答案当然是否定的，很多同学学不好物理的根本原因是没有真正从内心去接受它。在初识物理时，我们首先要建立学好物理的信心。虽然有了信心，相信自己能学好，并不一定能真正学好物理。但是，如果我们对学好物理没有信心，甚至害怕物理，那么我们学好物理的可能性几乎为零。

其实，物理不应该成为大家学习路上的障碍。的确，物理思维复杂，计算量大，然而这正是同学们锻炼思维能力与计算能力的绝佳机会。如果高中阶段没有物理，大家整日只进行单纯的背诵、记忆，那高中阶段的学习岂不是少了很多使人倍感振奋的头脑风暴？在学习物理的过程中，攻克每一道难题、理解每一个概念都会给我们无尽的成就感。

二、沉浸与专注

当我们接受并选择物理以后，我们就要开始物理的学习了，这时我们需要全身心投入。也许几年前，你还能一边听音乐，一边将作业题全部做对；还可以一边品尝着美食，一边将数学、物理公式全部记住。但高中物理公式多，题目复杂，稍不留神就会陷入出题人埋下的陷阱。因此我们在高中阶段学习物理不能再一心二用，而需要专注，唯有专注，才能提高自己的效率。

首先，我们需要一张安静的书桌，尽量把手机、小镜子，以及各种与学习无关的物品放置在自己的视线之外，为自己创造一个良好的学习氛围，让自己专注于眼前的学习内容。其次，清空自己的大脑，让自己达到专注的状态（可以通过将视线停留在试卷的一个点上完成），之后再开始答题。最后，需要的就是坚持，除非自己已经很疲劳了，否则做完一套试卷前不要给自己休息的机会。因为一旦动了休息的念头，大脑就会去寻找那些能吸引我们注意的东西，这样我们的专注度就会下降，效率也会因此降低。

其实，专注不只是可以让我们提升效率，更是可以让我们找到学习的乐趣，爱上物理。因为，当我们达到专注后，会忘记时间流逝，忘记吸引自己的游戏，眼中只有试卷上的习题，心无旁骛，达到"人卷合一"的效果。做完一套试卷后，学习的乐趣及成就感也就油然而生了。

论学习技巧与方法

一、课堂学习

无论哪一个学科，首要的任务即为学习课堂中老师教的知识，接下来，我将从课前预习、课堂听课、课堂笔记和课后复习几个方面来分享一些经验。

首先是课前预习。很多同学有预习的习惯，但高中物理概念及公式的理解难度都远大于初中，预习时想把这些概念弄明白需要花费大量时间，这对于时间紧张的高中是十分低效的。所以，我认为高中物理不需要预习，直接听老师讲课即可。

其次是课堂听课。高中物理老师讲课节奏一般比较快，可能有时候我们的理解速度跟不上老师讲课的速度，这时候可以把老师的板书完完整整地记下来，留到课下去弄懂。切记，千万不要为了弄懂一个问题而导致跟不上老师的节奏，这样是得不偿失的。

再次是课堂笔记。我建议大家在高一、高二第一遍听课时和一轮复习时各整理一遍课堂笔记。第一遍听课时记的笔记要详细，要包含所有知识点，这样才方便自己复习的时候找到相应的知识点，尤其是那些比较细碎的考点，最好在这个时候整理好。一轮复习的时间很紧张，但还是建议大家用笔记本认认真真再整理一遍笔记，因为这个时候大家已经学完了高中的全部知识，是站在一个更高的角度去看待这些知识点的。再整理笔记的过程其实就是建立知识体系的过程，再整理笔记也是找到知识点之间联系的最好方法，知识点之间的联想有利于我们对各个考点的记忆（很多知识点在一轮复习以后就不用重复记忆了）。

最后是课后复习。所谓复习就是一个背诵、记忆的过程（是的，物理这样的理科也需要背诵）。无论整理的笔记体系，还是总结的做题技巧，只有真正去记忆了，考试时才有将其从大脑中提取出来的可能。单纯的"看"没有任何意义，只要是有用的内容都要达到"背过"的程度。

二、难题的处理

面对难题首要就是克服自己的心理关，也就是克服畏难情绪。如果我们一遇到自己不会做的难题就内心崩溃、丧失信心，那么我们是绝对无法解决这道难题的。

接下来，分享一下难题的具体处理方法。难题可以分为过程复杂型和思维复杂型两类。第一类是过程复杂型，这类题目一般思维简单、过程清晰，但步骤烦琐。解决这类题的方法就是对题目进行适当的拆分，拆分为多个步骤，每个步骤对应一个基本题型，然后逐个解决，做这类题最关键的就是细心，保证计算准确。第二类是思维复杂型，其实思维复杂的话，过程基本也不会太简单，所以说这类题比第一类更难，做这类题时可以给自己限制一个时间，比如20～30分钟。如果做一道题超过了这个时长，就直接拿出答案，与自己的解题步骤做比对，找到自己思路上的断点。同时，我们要把答案中的思路和技巧单独整理到笔记本中，每隔几天或一周就看一看，看过5～6次后就可以把答案中的"神来之笔"变成自己的"常规操作"了。

三、关于各种练习本的应用

在高中阶段，大家可能会准备各种笔记本，接下来我来分享一下我在高中阶段学习物理时用过的本子。

一是笔记本。笔记本需要两个：一个厚的用来做高一、高二的课堂笔记，一个薄的用来在一轮复习时做笔记。这两个本只要记录老师在课堂中讲的内容即可。

二是错题本。错题本使用好的确可以帮助我们提高成绩。但是整理错题一定要讲究技巧，确保后续高效使用。传统的整理错题的方法是把整道题剪下来，然后写上详解、心得、错因，但我认为这种整理方法极低效，因为收录太多，不仅整理时费时费力，而且内容太多会导致后续复习时找不到重点。其实，一道错题的价值只有题中的技法或思路，我们只需要把这些关键内容记下来，实在不放心也可以记几个关键步骤，这样省时、省力又简洁，方便以后查阅。

三是考前参阅本。它用来记一些很难记又零碎的知识点（比如热学中晶体的各种特点），简单记录方便考前翻一翻。

以上就是我学习高中物理的一些心得，希望能够帮助在高考这条道路上挥洒汗水的奋斗者。

☼ TIPS

❶ 在初识物理时，我们首先要建立学好物理的信心。

❷ 我们需要一张安静的书桌，尽量把手机、小镜子，以及各种与学习无关的物品放置在自己的视线之外，为自己创造一个良好的学习氛围。其次，清空自己的大脑，让自己达到专注的状态（可以通过将视线停留在试卷的一个点上完 成），之后再开始答题。最后，需要

的就是坚持，除非自己已经很疲劳了，否则做完一套试卷前不要给自己休息的机会。

③ 我认为高中物理不需要预习，直接听老师讲课即可。

④ 在上课时，千万不要为了弄懂一个问题而导致跟不上老师的节奏，这时候可以把老师的板书完完整整地记下来，留到课下去弄懂。

⑤ 我建议大家在高一、高二第一遍听课时和一轮复习时各整理一遍课堂笔记。

⑥ 难题可以分为过程复杂型和思维复杂型两类。解决过程复杂型难题的方法就是对题目进行适当的拆分，拆分为多个步骤，每个步骤对应一个基本题型，然后逐个解决，做这类题最关键的就是细心，保证计算准确。做思维复杂型难题时可以给自己限制一个时间，比如 20～30 分钟。如果做一道题超过了这个时长，就直接拿出答案，与自己的解题步骤做比对。

⑦ 笔记本需要两个：一个厚的用来做高一、高二的课堂笔记，一个薄的用来在一轮复习时做笔记。

⑧ 一道错题的价值只有题中的技法或思路，我们只需要把这些关键内容记下来，实在不放心也可以记几个关键步骤，这样省时、省力又简洁，方便以后查阅。

⑨ 考前参阅本用来记一些很难记又零碎的知识点（比如热学中晶体的各种特点），简单记录方便考前翻一翻。

浅谈系统性学习方法的培养

学生姓名： 杨朔凯

录取院系： 化学与分子工程学院

毕业中学： 浙江省杭州第二中学

获奖信息： 2015 年中国化学奥林匹克（初赛）浙江赛区一等奖

2015 年中国化学奥林匹克（初赛）一等奖

2016 年中国化学奥林匹克（初赛）浙江赛区一等奖

2016 年中国化学奥林匹克（初赛）一等奖

2016 年中国化学奥林匹克（决赛）一等奖并入选国家集训队

学习方法是我们在实践中总结出来的，其内容因人而异，但任何优秀的学习方法在本质上都是有共通之处的。现根据我的文化课学习经验、初中三年的信息学竞赛和高中三年的化学竞赛经验，总结我自己的学习方法，供学弟、学妹们参考。

学 习 状 态

无论以何种方式学习，学习状态都是决定学习效率的最重要的因素。学习状态与我们的认知、情绪、精神状态以及周围的环境等因素有着密切的联系。

一、学习状态与目标

1. 目标的重要性

我在初一就参加了信息学竞赛，初一取得了全国青少年信息学奥林匹克联赛普及组（以下简称"普及组"，它相当于初中水平）一等奖，并获得了 370 分（满分 400 分）的优异成绩，在全校排名第一。初二时，与我一起学习信息学竞赛的很多同学都以全国青少年信息学奥林匹克联赛提高组（以下简称"提高组"，它相当于高中水平）为目标，而我认为参加普及组就够了。因此，我在整个初二阶段并没有努力学习信息学竞赛的内容，这直接导致了我在初二时的信息学竞赛成绩只有 260 分（满分 400 分），甚至在进入高中后完全无法适应提高组的难度，最终不得不放弃信息学竞赛。

我在高中化学竞赛的学习中对此也深有体会：高三时我校约有 20 人获得全国高中学生化学竞赛（初赛）一等奖，其实大多数同学的实力相当，但最后有的获得国际金牌，有的也只是获得初赛的一等奖而已。我仔细观察这些同学平日的状态后发现：有一些同学非常坚定地想考进省队，每天都抱着极大的热情认真地看书和做题；有一些同学则觉得进省队要与很多强者竞争，还会影响高考，成本高、风险大，因而决定"明哲保身"，他们失去了目标与动力，最后自然也不可能"更上一层楼"。

由此可见，我们在学习时一定要有一个明确的目标，这对提高我们学习的积极性和效率是非常有帮助的。

2. 目标的确定方法

虽然我们在学习时要有一个明确的目标，但这个目标也不是拍拍脑袋就能想出来的。《菜根谭·概论》中有言：攻人之恶毋太严，要思其堪受；教人之善毋过高，当使其可从。意思是说，指责别人的过错时不要太刻薄，要考虑到对方是否能接受；教人为善不要期望过高，要考虑对方是否能够做到。即凡事要循序渐进，不能一步登天。在心理学上也有类似的论述，称为门槛效应，其内容是：人们一般不愿去接受一个成本较高又难以成功的大任务；相反，如果将这个大任务分解成多个易于完成的小任务，人们就会比较乐于接受。

学习亦是如此，如果我们一开始就给自己定一个过高又难以实现的目标，就会使人丧失去实现它的勇气和动力，使人陷入沮丧之中。因此，我们应当给自己定一个有一定难度但通过努力又可以实现的目标。比如，如果你想在一年内背完一本字典（假设有 2 万个单词），这个目标看起来很大而且难以实现。如果你把这些单词平均分配到每一天，定的目标是一天大约背 60 个单词，是不是看起来轻松一些呢？如果你定的目标是每餐饭后背 20 个单词，是不是觉得更有希望了呢？实际上，这三个任务的总量都是一样的，只是我们遇到大任务时会被吓倒，但把任务细化后就容易实现了。

二、学习状态与情绪

在学习的过程中，我们难免会遇到挫折和打击，让自己陷入沮丧或焦虑的情绪中，有时会感觉自己看什么都看不进去。而且在这样的情绪下，随着时间的推移，我们会感到又浪费了很多时间，对自己的沮丧和焦虑会进一步增强，陷入恶性循环。

我在高中化学竞赛的学习过程中，由于要阅读很多书籍和完成大量的习题，也时常会产生厌学的情绪，持续时间少则几个小时，多则一周左右。要打破上述的恶性循环，我们首先要调节自己的情绪，即要时刻对自己保持信心，通过不断鼓舞自己来调节自己的状态和情绪。

实际上，这正是我们耳熟能详的一个方法——心理暗示。心理暗示本身是无意识的动作，但是如果我们合理利用，是可以有意识地影响我们的学习状态的。不仅在学习上，我们做任何事情在碰到困难时，只要给自己一个正面的心理暗示，排除负面的心理暗示，就能使我们更加顺利地走出困境，走向光明。

三、学习状态与环境

1.环境对人的影响

环境是指环绕在我们生活的周围，并对我们产生某种影响的宏观现实。比如，我们学习的时候，周围的人在看电视、打麻将，或者周围是菜市场、工地等嘈杂的环境，都会影响我们的学习效率。虽然有的同学说"我的抗干扰能力比较强"，但是实际上，环境对人的影响是潜移默化的，它会在无形中分散我们的注意力。有研究表明，这种干扰在短期内可能不会对人产生很大的影响，但对人的长期影响是非常不利的。

因此，如果有条件的话，我建议大家选择一个较为安静的环境进行学习。

2.环境反馈对人的影响

相对于周围环境，周围人们的评论，即环境反馈，对我们的影响则更为显著。尤其是在"刻板效应"的影响下，人们对事物往往抱着片面的认识，如果我们受这些言论的影响，往往会导致错误的决定。下面，我举两个典型的例子来说明环境反馈对人的影响。

一个典型的例子就是参加竞赛。我刚进入高中时，五大科目（即数学、物理、化学、生物和信息学）竞赛的课都去听过，发现参加物理竞赛和化学竞赛的同学极多，最开始时各有约150人，但很快就只剩下50人左右了。其中的原因是，有一些不适合学竞赛的同学，道听途说"不考竞赛就进不了好学校"，也都跟风来学竞赛，最终半途而废，白白浪费了大量时间。

另一个典型的例子就是选专业。相信大部分同学都认为经济、法学等专业是大学里最好的专业，但是最好的专业未必最适合自己，如果不是自己的兴趣所在，那么我们不仅体会不到学习的乐趣，而且会降低学习的热情和效率。我高中的一位学长，为了能去自己热爱的计算机专业，在大学先后进行了两次转专业，并最终转到计算机专业进行学习。据他本人反映，转入计算机专业后他觉得学习很有乐趣，成绩也有明显的提升。

我们进入大学后，周围也会有各种各样的声音，大家首先要正确地判断和分析这些声音，一定要选择最适合自己的道路，以免半途而废，前功尽弃。

学 习 方 法

我们在学习过程中需要注重思考问题的逻辑性和系统性，即系统性学习。系统性学习需要我们将零散的知识串联成系统的知识网络，面对一切问题都从基本点出发，不断添加分支来拓展思维，从而全面地思考问题。下面，我介绍一些全面思考问题所需要的能力。

一、归纳总结

归纳总结能力是最重要的学习方法之一，下面，以我在化学竞赛中学习的有机机理为例来说明。

请大家观察如下的几个反应：

（3）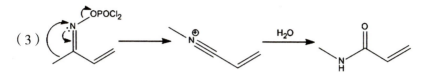

乍一看这三个反应之间没有什么关系，但是实际上，这三个反应都可以归类为"因产生不稳定的正离子而引发的邻位迁移的重排反应"。其本质可以用下图概括：

由于反应过程中产生了缺电子性的中间体，故可以得出：邻位的基团越富电子，则越容易迁移，这从有机机理上证明了在亲核重排反应中"富电子基团优先迁移"的经验规则。

需要注意的是，归纳总结不一定适用于所有的情况，要注意普遍性中的特殊性。如上述反应中的（3）就是较为特殊的例子，虽然乙烯基比甲基更富电子，但由于空间结构的限制，它只能发生反式迁移，即甲基迁移的反应。

归纳总结可以将零散的知识整理打包，这对已有知识的理解和记忆都有很大的帮助，并且我们学习新的内容时也可以尝试着将其归入某一个已有的"知识包"中，让我们的学习更加轻松。

二、类比

如果说归纳总结是将切胡萝卜的方法运用到切各种萝卜中，那么类比就是将切萝卜的方法运用到切白菜中。归纳总结是对问题本质的理解，而类比则需要在此基础上对其稍作加工。下面，我仍然用化学问题，以书写 $C_4H_{11}N$ 非离子性的同分异构体为例来说明。

该化合物中含有一个 N 原子，有一级胺、二级胺和三级胺三种情况，每种情况下又需要分类讨论，甚是烦琐。若使用类比的思想，本题就会简单很多。

相信同学们在高中阶段都写过卤代烷烃的同分异构体，其思想为先将卤原子看成氢原子，写出对应烷烃的同分异构体，再用卤原子替换其中的氢原子即可。这里也可以用类似的思想，我们可以把杂原子先看成碳原子，并绘出所有同分异构体后，再将碳原子替换回杂原子。

需要注意的是，由于氮原子是三价基，而碳原子是四价基，为了满足替代的等效性，应将 N 看成 CH。用此法将 $C_4H_{11}N$ 分子式转变为 C_5H_{12}，并绘出其所有同分异构体，如下：

然后将其中的一个次甲基 CH 换回 N 原子，即可得到所有的 $C_4H_{11}N$ 的同分异构体，一共有 8 种，其结构不再一一列出。

我们运用类比思维，不但可以加快解题速度，而且在学习新的知识时，也可以将其与现有知识比较，找出其共同点和不同点，从而加深我们对知识的理解。

三、建立系统性思维体系

我在化学竞赛学习的过程中，经常遇到过很多同学说："书上的内容都看过，就是做题的时候想不起来"。我在初中阶段也经常出现类似的问题，进入高中后在竞赛教练的引导和自己能力的提升下，我逐渐建立起系统的、严谨的、有规律的思维方式。

我认为，要克服上述同学们遇到的这一问题，首先要打破"知识点"的概念，不能将知识看作零碎的片段。唯物辩证法认为，世界上一切事物都不是孤立存在的，而是和周围其他事物相互联系着的，整个世界是一个普遍联系着的有机整体。知识亦是如此。如果我们能在学习时运用归纳总结和类比的方法，在看似零碎的知识间建立起各种联系，在应用时从某一点出发，联想与其相关的知识内容，就可以做到全面地思考问题。

我根据个人的学习经验，将学习过程分为学习前的准备、学习方法和学习习惯。

（1）学习前的准备

学习前的准备可以概括为"学习状态"，它有内部因素与外部因素两种，内部因素包括情绪、动力和目标等，外部因素包括学习环境和学习情况反馈等。

（2）学习方法

学习方法，即系统性思维体系，结合归纳总结和类比，建立富有条理的吸收知识和思考问题的方法。

（3）学习习惯

在学习习惯中，我们同样根据内部因素和外部因素进行分类思考，内部因素包括笔记和总结等，外部因素包括团队学习等。

由以上的例子可以看出，系统性思维体系不仅对考试有益，而且对日常生活也有很大的帮助。我们可以从各种事情着手建立自己的系统性思维体系，可以是某一门科目的知识，也可以是生活中的一件小事。在平时，我们要养成严谨的思维习惯，这样面对考试时就能镇定自若了。

学习习惯

一、记笔记

1. 记笔记的重要性

笔记是联系人的思维与书中知识的桥梁，它既是书的精髓，又是思维在纸上的再现化产物。因此，笔记的最主要的作用有两个，一是用来帮助大家复习，二是用来帮助大家理解和记忆。

关于复习，有的同学可能认为把书上的重点画一下就行了，这对于高中课本也许是可行的，因为高中课本都比较薄，但对于比较厚的书就不行了。以我在化学竞赛中接触到的两本经典书为例，其一是邢其毅等人编写的《基础有机化学》（第四版），上下两册，超过1000页；其二是格林伍德等人编写的《元素化学》，共三册，超过2000页。对于这么厚的书，在书上画重点显然是不切实际的，而记笔记则能很好地解决这个问题。

我分别用大约300页的A5尺寸的笔记本来记这两本书的笔记。在复习时，我只要翻阅笔记本即可，这不仅大大减少了翻书耗费的时间，还能对重点知识一目了然。由于笔记是思维在纸上的再现化产物，因此我们在将书中的内容转变为自己的知识时，需要根据自己的思维方式进行整理和再加工。这个过程能帮助我们加深理解、增强记忆，而单纯地在书上画重点则没有体现这一优势。

2. 记笔记的方法

无论是在看书还是听课时，我们都可以记笔记。记笔记有一定的方法，自己看书时只需要把书中的内容整理到笔记本上即可，而听课时则需要注意以下一些事项：

上课时老师讲课节奏较快，我们在快速记录时不能及时整理笔记。此时，我建议在课后重新整理笔记，将老师的授课内容转化为适合自己思维方式的知识框架。这个整理工作不能拖太久，我们最好一下课就进行整理，因为拖太久后容易忘记自己之前记录的内容所表示的含义（尤其是快速记录时产生的简写和略写），可能产生知识的疏漏，甚至出现科学性的错误。

二、学会总结

1.总结的重要性

曾子曰："吾日三省吾身：为人谋而不忠乎？与朋友交而不信乎？传不习乎？"我们只有不断温习所学的知识，及时发现自己知识上的不足，不断总结，才能进步。

有人曾经做过一个实验，将一个班的同学分为三组，分别使用不同的总结方式，具体方式如下：

分组	第一～第四周	第五～第八周
第一组	每天做总结	从不总结
第二组	一周做一次总结	一周做一次总结
第三组	从不总结	每天进行总结

实验结果表明：第一组同学的成绩在前四周良好，而在第五周以后成绩突然急转直下；第二组同学的成绩一直稳步上升，但进步速度很慢；第三组同学的成绩在前四周较差，而第五周以后成绩突飞猛进。

从第一组和第三组的实验结果我们可以发现：每天进行总结可以促进同学们的学习积极性。而从第二组的实验结果我们可以发现：一周做一次总结的效果远远没有每天做总结的效果好，而及时进行总结的效果最好。因此，我们也应当时常去想一想目前的总结做得怎么样了，有什么做得好的地方值得以后借鉴和发展，还有什么不足的地方需要学习和改进等。

2. 总结的方式

我相信大家看过很多名人传记，有的名人在小的时候非常愚钝，但是在一位善良的老师或者一位温柔的家长的谆谆教诲下，最终会走向成功。很多人会认为这种事情都是大科学家或者大文豪才会遇到的事情。

当然，大部分人从小就表现出一定的学习能力和学习水平，不太可能遇到像书中这般戏剧性的发展情节。然而，这些名人的学习经历对我们自己的总结方式是有借鉴作用的。美国心理学家赫洛克在1925年做过一个心理实验，这个实验指出：相比批评性的反思，激励性的总结更能调动人的积极性。因此，大家在进行自我反思与总结时，应当首先肯定自己做得好的地方，对不足之处也不能全盘否定，而应该深入探索改进的方法。

三、团队学习

我从初中开始就参加竞赛，让我感触最深的就是团队的力量，下面以我参加的化学竞赛为例来说明。

我在高中参加的化学竞赛团队的人数（稳定后）大约有50人。在高二阶段，由于开始接触的知识较难，而竞赛教练不可能样样精通，因而开启了同学之间互相授课的机制。在这个过程中，我广泛地吸收了来自其他同学的学习经验和学习方法，并将其融入自己的思维方式中。我过去最擅长的是有机化学部分，而对结构化学一知半解，经过同学们的讲解，我对结构化学也有了深入的认识和了解。正是这样的团队合作学习，让我们的化学知识能够在各方面得到互补，并最终创造出辉煌的成绩。

团队学习不仅有合作，也有竞争。每次考试我们都会排名次，常常会有看起来并不出众的同学得了第一名的情况，这对一些学习成绩很好的同学来说是一种刺激，而对于一些不太出众的同学来说也是一种激励。

可以说，这样的团队既轻松又不失动力，虽然我们也会有争执但并不影响我们之间的友谊。团队的合作与竞争，不仅提高了我们的成绩，而且使我们生活在充满友情与欢乐的氛围中。三年来，我与团队的同学们建立了深厚的情感，这是比成绩本身更加珍贵的财富。

TIPS

❶ 我们在学习时一定要有一个明确的目标，这对提高我们学习的积极性和效率是非常有帮助的。

❷ 我们应当给自己定一个有一定难度但通过努力又可以实现的目标。

❸ 我们做任何事情在碰到困难时，只要给自己一个正面的心理暗示，排除负面的心理暗示，就能使我们更加顺利地走出困境，走向光明。

❹ 如果有条件的话，我建议大家选择一个较为安静的环境进行学习。

❺ 归纳总结可以将零散的知识整理打包，这对已有知识的理解和记忆都有很大的帮助，并且我们学习新的内容时也可以尝试着将其归入某一个已有的"知识包"中，让我们的学习更加轻松。

❻ 我们运用类比思维，不但可以加快解题速度，而且在学习新的知识时，也可以将其与现有知识比较，找出其共同点和不同点，从而加深我们对知识的理解。

❼ 打破"知识点"的概念，不能将知识看作零碎的片段。

8 由于笔记是思维在纸上的再现化产物，因此我们在将书中的内容转变为自己的知识时，需要根据自己的思维方式进行整理和再加工。这个过程能帮助我们加深理解、增强记忆，而单纯地在书上画重点则没有体现这一优势。

9 我建议在课后重新整理笔记，将老师的授课内容转化为适合自己思维方式的知识框架。

生物学习经验分享

学生姓名： 丛荣卿

录取院系： 化学与分子工程学院

毕业中学： 北京一零一中学

获奖信息： 2019 年全国中学生物理竞赛（北京赛区）二等奖

2018 年海淀区三好学生

写在前面的话

眼前的未名湖水倒映着宁静的天空与大地。波光涟漪，摇摆不定的树影仿佛模糊了我的视线，往日的点点滴滴，似泉涌，回荡于我的脑海，映照在我的眼前。

从颐和园路 11 号走到颐和园路 5 号，虽身居于毗邻北京大学的北京一零一中学，但为了这几步路，几百米，为了走入那座燕园，也需抵上三年时光和竭尽全力的努力。如今，站在彼岸，回首来路，看见曾经那个努力的自己，也看见现在那些正在努力奔跑的身影。赶考之路，风雪呼啸，或是为了不被时间的狂风抹去记忆的痕迹，抑或是为了协助后来者们于黑暗中找寻前进的方向，我愿用文字雕刻下自己在来路上留下的一个个脚印，写下这篇学习经验浅谈。

高中学科门类非常丰富，学科知识与思维也各有不同。因此，为了防止谈论过多空泛的大道理，我选择生物这门学科，结合高三这个特殊的学年，进行较为具体的经验分享。

每个人的学习习惯和方法都有所不同，我谨以此文表达个人意见和看法。下文所述的学习经验，不一定适用于所有同学，也不一定适用于所有地区，仅供参考。并且，老师们作为"身经百战"的"引路人"，他们的经验和建议其实已经足够同学们将分数稳定并提高了。作为刚刚毕业的学生，我简略地从学生的视角出发，谈谈我感触较深的几点，总结一些干货，用以印证和补充，若有浅陋之处，请多多指正。

总体学习思路

总体学习思路：明确自己的核心问题，多与老师交流，按自己的节奏稳步前进。

无论你现在在生物学科上的学习状况如何，经过高三一年的认真复习和不懈努力，相信你一定能取得令自己满意的分数。以我个人的经历为例，在摸底和第一次月考中，生物一直是我的短板，经常在七八十分之间游荡（满分 100 分）。但是正是因为它对我百般折磨，我也才能下定决心，投入精力，认真复习，背记知识，琢磨技巧，最后终于获得了一个较为满意的成绩。我相信，你也一定能用汗水浇灌出丰盈的收获。

作为高三的学生，你与其因起点的分数低而沉沦沮丧，不如抓紧时间找到自己的问题与痛处：是基础知识薄弱，还是大题审题能力不足？抑或是答题语言不够严谨和到位？如果还没有明确自己的核心问题在哪里，一定要飞速奔向可爱的生物老师们，"扎"在老师办公室里，因为他们永远是你最好的引路人。

在弄清自己的核心问题后，你一定要谨记老师们的谆谆教诲，遵循老师们的建议，一步步落实，一点点迈进，一定能逐步提高能力和分数。每个人的问题不一样，学习方式也不同，不必羡慕他人的风景，按照老师给出的个性化方案，走好自己的节奏，不急于求成，也不必妄自菲薄，相信大家必能抵达成功的彼岸。

一些具体的学习方法

下面就一些具体的问题，做一些经验的分享。

一、关于生物课堂

不论你的生物基础好坏，基础知识复习串讲必须重视，这是一次极好的查缺补漏的机会。

前期尽量多听讲，多提问，多跟着老师的思路走；后期可以根据自身的实际学习情况各取所需。

三尺讲台，作为老师们的主要阵地，必定是老师最重视和用心的地方。无论是重要基础知识的总结，还是审题方法的归纳，课堂永远是老师传递这些信息的第一选择。因此，作为需要汲取大量知识的学生，我们在课堂上认真听讲，无疑是最高效、高质的学习方法。

二、关于错题本的使用

错题本是强烈推荐使用的，主要用来总结知识薄弱点和错题。

1. 总结知识薄弱点

这里推荐一个在错题本上总结知识薄弱点的方法：在错题本上单独分一个区，将自身薄弱的知识点按照不同书、不同模块进行分类归纳，便于考前看一遍。

2. 总结错题

在错题本上总结错题可以分四步：① 还原题干。如果想缩短抄题时间，可以扫描之后打印。如果自己抄题干，一定要将题目的大题干和自己出错的小问完整地抄下来，字字句句都很关键。② 分析标准答案。找答题语言的出处（答题语言是从题干中提炼的信息？还是考查生物课本中的知识？）；找答案的表达思路（自变量／因变量关系的表述？多变量同时存在时清晰表达的方法？设计实验的顺序和要素？分析实验的优劣的几个角度？）。③ 观察自己的答案和标准答案之间的差距。对比寻找自己答题时思维的错误点，对比寻找自己的答题语言和表述的不足。④ 总结回顾。总结答题思路，总结答题模板；提炼易错的小点，并用醒目的颜色标注；总结出题者的思路。

三、关于《5 年高考 3 年模拟：高中生物》的使用

要强调的是，我们不要过早地陷入题海，浪费时间精力，也浪费好题。

质的飞跃离不开量的积累，不求做题数量最多，但求研究透彻做过的每一道题。研究透彻一道好题，胜过草草掠过五道题。最开始做《5 年高考 3 年模拟：高中生物》时，你可能难免会因题目的数量之多与难度之大而感到痛苦，但是当你坚持将每一章节仔细做完，收获的不仅是一本画满了各种颜色与记号的复习珍宝，更是头脑中更加全面的基础知识和更加熟练的答题技巧。另外，在高三上学期的统练中，有时候能看到《5 年高考 3 年模拟：高中生物》上的原题。但是切记不要因为这个缘故就去飞速刷题，着急记答案。很多好题就是需要留在考试中做第一遍，因为在考试中才能真正发现自己的不足，再利用好错题本，就能起到事半功倍的效果。有时间提前押考题，不如复习基础知识或者安排其他科目的复习。

四、关于基础知识的复习

生物课本是学习一切基础知识的起点和落脚点。高中三年老师也会向大家无数次强调生物课本的重要性，真的需要重视对课本的再阅

读、再复习，尤其要重视对课本中的黑体字部分、生物学术语（包括名词和动词）的记忆。

虽然有时候背概念会让人觉得生物有点像文科，但是背熟练之后，对于答大题也会有帮助。总而言之，基础知识是一切复杂逻辑构建的地基，需要好好掌握。

另外，《5 年高考 3 年模拟：高中生物》中的知识点虽不如课本全面，但它会将知识点进行归纳，有助于我们建立各个概念之间的联系。

五、关于考前学校复习资料的使用

在临近高考时，学校一般会分发汇编的复习资料。这些资料里面内容较为丰富，可以作为考前最后一次查缺补漏的复习工具。但一定要针对自身学习情况进行选择，应当着重关注自己还稍微薄弱的内容。

研读往年高考真题、教研卷真题的命题思路和作答思路。复习资料中一般会将往年高考真题和教研卷真题放在一起，我们可以采取横向对比试卷的方式：对比不同年份的同种题型，总结命题规律和答题思路等。

六、关于考试审题

（1）一定要仔细阅读大题干，明确实验的研究目的，并将其一直铭刻在脑海中。

（2）把握住出题人的思路，做完一个小实验，关注其与总实验研究目的之间的关系。

（3）摸清出题人想要考查的知识点和能力点。自己总结出整张卷子中各种可能出现的题型，并给出相应的解题思路。

（4）考试时难免会出现紧张等情绪。当自己被难题难住时，不妨回首前文，冷静思考，理清思路，常常答案就在"灯火阑珊处"。

七、关于考试答题

（1）总结答题模板。考试的答题模板源于平时的错题积累和老师传授的经验。

（2）切忌在考场上过度"创新"。创新固然重要，但那是对于开放题而言。对于常见题型，我们应用平时经验即可，防止急中生乱。

我建议从高三下学期开始整理和总结审题与答题技巧。虽然老师会告诉你审题与答题技巧，复习资料上也会总结一些技巧，但那些都只能作为补充。错题本上记录的题，或是失败的经历，或是成功的经验，才是最适合自己的，也是记忆最深刻的。拿到复习资料后，我们可以将自己总结的经验和老师的经验进行整合，查缺补漏，做到完整、全面，这样可以使我们在高考中更加胸有成竹。

结　　语

在高三这一年，我对生物的态度由厌恶转为喜爱，成绩也由低到高，这些离不开我的生物老师闫霞老师的教导，以及母校全体生物组老师们倾尽全力的付出。个人经验难免有纰漏，同学们只需选择其中有益之处，作为自己经验的补充。最后，希望仍奔跑在逐梦路上的少年们，能够一往直前，无畏风雨。愿你们终会抵达心之所向的彼岸！

TIPS

❶ 总体学习思路：明确自己的核心问题，多与老师交流，按自己的节奏稳步前进。

❷ 作为高三的学生，你与其因起点的分数低而沉沦沮丧，不如抓紧时间找到自己的问题与痛处

❸ 不论你的生物基础好坏，基础知识复习串讲必须重视，这是一次极好的查缺补漏的机会。

❹ 错题本是强烈推荐使用的，主要用来总结知识薄弱点和错题。

❺ 这里推荐一个在错题本上总结知识薄弱点的方法：在错题本上单独分一个区，将自身薄弱的知识点按照不同书、不同模块进行分类归纳，便于考前过一遍

❻ 在错题本上总结错题可以分四步：① 还原题干；② 分析标准答案；③ 观察自己的答案和标准答案之间的差距；④ 总结回顾。

❼ 我们不要过早地陷入题海，浪费时间精力，也浪费好题。

❽ 重视对课本的再阅读、再复习，尤其要重视对课本中的黑体字部分、生物学术语（包括名词和动词）的记忆。

❾《5年高考3年模拟：高中生物》中的知识点虽不如课本全面，但它会将知识点进行归纳，有助于我们建立各个概念之间的联系。

❿ 学校发的复习资料，可以作为我们考前最后一次查缺补漏的复习工具。但一定要针对自身学习情况进行选择，应当着重关注自己还稍微薄弱的内容。

⓫ 错题本上记录的题或是失败的经历，或是成功的经验，是最适合自己的，也是记忆最深刻的。

22

我与生物竞赛

⚬ **学生姓名：**陈琦子

⚬ **录取院系：**生命科学学院

⚬ **毕业中学：**陕西省西安交通大学附属中学

⚬ **获奖信息：**2020 年全国中学生生物学竞赛一等奖

　　　　　　2020 年中国化学奥林匹克竞赛省三等奖

我发现了兴趣，老师发现了我

我的中学时代清楚地分成两段：遇到生物竞赛之前的四年和遇到生物竞赛之后的两年。

你们现在可能想象不到高二之前的我，数理基础薄弱，也没什么目标，各种活动一样不落——研学，学工，在心理健康课上做游戏，日常写写奇思妙想，看看花边新闻，还在高一第一学期跟着访问团去日本转了一圈。我甚至考虑过学文科，或学小语种专业。在我眼里，似乎有趣才是最重要的。至于竞赛，也是次要的事情，我学过数学竞赛和化学竞赛，成绩不理想，也就放弃了。

但是我过得再虚浮，碰见真正感兴趣的事情，就会认真地一头扎进去，一直到深处。

高一春季，听说生物联赛所有人都报名的消息，我想：虽然我不学生物竞赛，但既然还喜欢生物这门课，那就好好准备，用尽自己微薄的力量，把题认真地做完。那种心态就好像考试的时候在想：虽然这题我不会，但也不能空着。

于是我借到了《普通生物学》。大家看见我在元旦联欢会上抱着那本厚书一得空就研究，还一边看一边微笑。

抱着这样的心态，我去考了初赛和联赛。我惊奇地发现自己竟然做完了题。虽说连猜带蒙，但初中的动植物分类学我全部清楚地记得，刚学过的孟德尔遗传定律的题我推导一下都能解出来，《普通生物学》上的细胞相关知识也派上了用场，少数几道论文命题我只当作阅读理解，无论如何还是写出了答案。铃响时，我对自己说：我来过了。

不久之后，我们学校的生物竞赛教练付老师就找我，问我想不想改走生物竞赛的路。他说了两件事。第一，我初赛表现不错，对于一个没竞赛基础的学生来说可以算超常发挥了。第二，生物这门学科在学什么？小到原子分子，大到生物圈与地球。都说物理是从粒子到宇宙，其实生物何尝不是。前者其实我多少已经预料到了，后者竟然深入了我的心里。我再也忘不掉生物了。

当你的处境和我相似时，你可能就发现了你的兴趣。

我有时候想：当我认真地做完本不属于我的生物竞赛题，我的恩师付老师邀请了本不属于他战队的我，我们是不是想着某种共同的东西？

而从那时起，我感到似乎一向飘飘浮荡的自己忽然被某种力量推动了，推到一条轨道上，开始向前行走，进而向前奔跑，跑在一条又长又曲折的路上，跑过各地的集训地和实验室，直到那个曾经遥不可及的目标渐渐浮现。

这个目标，就是北大生科院。

一些所谓成功的经验

和很多生物竞赛获奖者不一样，我从高一第二学期才开始正式学习竞赛相关知识，高一进入高二的暑假才开始第一次集训，高三拿到国奖，总时间算很短了。但我的生物竞赛经历却很丰富，经历了长沙的学习、北斗的集训、在南昌的战斗，最后在重庆圆梦。

有人问我成功的经验。

我认为支持我这一过程的主要是两个方面的能力：一个是技术上的，一个是心理上的。

一、在文字的海洋里畅游

先说技术上的：处理课本和归纳文字的能力。

高考生物需要背课本，竞赛生物需要背很多书。一般参加竞赛的同学会听老师一本一本、一课一课地详细讲解，而我没有这个条件。我进竞赛教室时，那些书已经差不多讲完了，我只能在短得多的时间里快速了解。湖南师范大学的集训营里有讲义，靠听讲和讲义内容我可以总结出知识的框架，但细节只能靠咀嚼课本来填充。

不能直接抱着书看，那样既不知道重点何在，又很容易被自己喜欢的东西带着跑（如看《普通动物学》时忍不住多看一会鸟类，躲开虫子）。后来，我发现了绝好的方法：正确利用每次的考试题。

每道题都有一个知识点，重复出现的就是重要的知识点。在湖南师范大学的集训营里每天都有考试，陕西的省班也有很多考试，题多得做不完。所以我那时一手拿卷子，一手拿书本，笔记本放在中间，将每一道错题在笔记本上归位。这样记住了知识点、熟悉了课本、丰富了笔记，一举多得。

别人是学了课本做题，我是做了题再学课本，戏称逆向思维。

另外一点是归纳文字的能力。

生物不像数学、物理。数理以一些简洁的公式定理为基础，通过这很少的信息可以放射出无限的内容；参加数理竞赛的同学通过对短短的题干做出丰富而严谨的演绎推理，证明自己的能力。而生物不同，生物的基础是对复杂世界的归纳、总结，而擅长学习生物的人必备的能力是阅读、记忆、理解和自学，将书变成知识点的建筑，将论文变成提出、分析、解决一个问题的思路。生物竞赛一套卷子就堪比一小册图书，而整个生物学科就是一片茫茫的文字海洋等待我们畅游。

到联赛前的冲刺阶段，同学们的知识水平一定会超过老师。这时候遇到不会的题或新知识，几乎只能靠自己翻书和探索了。为了一道题我可能要综合百度百科、知乎、中国知网、教材、标准答案和个人思考来勾画一个清晰的思维导图，而这些信息来源有时候还会互相冲突。这也是大学科研生活的一种预演。我必须在海量的信息里浸入而不被淹没，保持清醒地辨别、挑选我所需要的信息。

将这样的能力锻炼出来，无论学什么你都会受益。

二、最可怕的生物实验

再说心理上的重要素质。

学生物需要强大的内心。我想通过一个故事说明这一点。

听说生物竞赛有实验部分，很多人的第一反应都是解剖。好几个同学问过我：解剖可怕吗？解剖青蛙和小白鼠很可怕吧？

我在高中毕业后和付老师又聊起来此事。我说："不，我们眼里最可怕的从来不是解剖。"

付老师说："是做不出来结果的实验吧。"

我说："差不多，您还真理解我们。"说起我们最害怕做的实验是什么，没有一个比得上观察减数分裂：取出浸制的大葱花序，摘下米粒大的花，用针把雄蕊剔出来，挤出含有生殖细胞的液体，再去掉杂质，染色15分钟，镜检，寻找舞动的染色体。

听上去不难，可是折磨人，因为找不出来哪朵花正在减数分裂。我们做的装片不是已经完成分裂形成四个小孢子，就是还未分化只有薄壁细胞。没什么办法，只能洗掉再做。一遍又一遍。

在这期间，人的意志会被一点一点消磨掉。3次不出结果，你就会焦躁；5次不出结果，你就会怀疑；10次不出结果，你就会觉得大葱对不起你。你还会想起，相比摩尔根寻找白眼果蝇，你这点困难又算什么？最后一个班十几人连续不断做了一下午，从下午两点到六点，无一人看到减数分裂，也不知道能不能看到、什么时候能看到、怎么去看到。

论可怕程度，精神的折磨远胜于视觉效果的冲击。当你真的进入大学的生物实验室，你会天天有这样的体验。它再可怕，也是学习生物专业的必由之路。你必须克服自己好逸恶劳的本能，忍受枯燥的实验和失败的沮丧，才能骄傲地说自己爱生物学科。否则，那种热爱的程度就要打折扣了。

如果你也像我一样喜欢学生物并且考虑大学学习相关专业，那么你想清楚了吗？在想清楚之前，你一定要多读几篇论文（一定要想办法看懂整个过程，包括图像），多做几次实验（越难重复越好），不要满足于高中课本、大学教材和科普作品，应该尽量多了解一些生物学科的困难和艰苦，这些会帮助你更理智地做出决定。

给学弟学妹们的一些建议

其他关于生物竞赛的学习建议，就在这里逐条列出了。

（1）参加竞赛的同学不要孤注一掷，要兼顾高考。在我们学校，老师们总是强调竞赛是学有余力才做的。我的教练付老师在我进省队之前也一直要求我兼顾文化课。我在联赛前仍然没有放下我的弱势学科——数学和物理。当然不同学校对待竞赛的态度可能不同，有些学校鼓励放弃文化课一心一意学竞赛。但是无论学校怎么主张，在你不能保证你能被保送的情况下，文化课都是你进入清北所必需的。在强基计划把高考成绩计算在内之后，文化课就更重要了。

这点对生物竞赛尤其重要。因为数理化竞赛的知识多少还能帮助你做出高考难题，而生物竞赛的知识和高考几乎完全不同，学习生物竞赛对高考几乎没有直接的帮助。

（2）如果你像我一样没有被保送，不要自卑。你应该知道，经过高考的学生比保送的可能更有优势，不仅在数理能力上，还在精神上。我在重庆得到国奖后，一位老师问我是否不太满意自己的成绩。我回答说："我很满意。如果我进入国家集训队了，不用高考，我会感觉自己的人生不够完整。"备战高考是成长路上一个十分有意义的仪式。考前的长时备战、多次模考，会巩固你的知识，磨炼你的心理素质，带给你很多保送生享受不到的东西。

（3）学习竞赛要尽量多找几个伙伴，团队的力量比个人的力量要大得多，积极性也多得多。像一群小蚂蚁把触角碰一碰交换信息一样，多个人在一起时你获得的信息会大量增长，很多被忽视的知识点和能力都能在彼此的提醒中被注意到。另外，当你觉得自己是集体中的一员、其他人的战友，你会带着感情更有动力学习下去。

（4）尽量多讨论，多和同学、老师互动。除了上一条说过的和同伴一起学习的好处外，和同学、老师多互动能让你保持专注。单独看书的时候注意力最多保持20分钟，但讨论的时候保持专注的时间几乎是无限长的。"环境"对学习有着重要的影响，在讨论中，我会感到我的思绪一刻不停，不断有新的理解和领悟，这又反过来促进我更加喜欢讨论。但讨论的学习方法并不一定适合每个人，你们可以摸索自己适合在怎样的气氛中学习。

（5）利用考试题来学习课本。在前面我讲过我刚开始接触生物竞赛时，就是用的这个方法快速构建自己的知识体系。这个方法不限于生物竞赛，在高三后期大量刷题的时候也很有用。这是生物竞赛给我备战高考为数不多的帮助之一。这也牵涉另外一个问题：对考试态度的改变。在高考之前，任何一次测试都是发现问题的机会。这个时候出错，比高考出错好得多。你不必有一个真实的错题本，但是脑海中必须有一个知识网，每一道错题都是在给你"补网"的机会。如果你能够把遇到的每一道题都弄清楚，不错第二次，那么你会离目标越来越近。

（6）当你有了成绩后从竞赛队退役，可以想办法为学弟学妹做点什么。我高考后，把所有的竞赛书捐给了学校，笔记则保存了下来。后来我又根据经验整理出了一节课，分享给我后一届生物竞赛的同学。这当然不像前几条一样对你有很多实际的帮助，但这会给你带来成就感。

TIPS

❶ 不能直接抱着书看，那样既不知道重点何在，又很容易被自己喜欢的东西带着跑（如看《普通动物学》时忍不住多看一会鸟类，躲开虫子）。后来，我发现了绝好的方法：正确利用每次的考试题。

❷ 我那时一手拿卷子，一手拿书本，笔记本放在中间，将每一道错题在笔记本上归位。这样记住了知识点、熟悉课本、丰富了笔记，一举多得。

❸ 擅长学习生物的人必备的能力是阅读、记忆、理解和自学，将书变成知识点的建筑，将论文变成提出、分析、解决一个问题的思路。

❹ 到联赛前的冲刺阶段，同学们的知识水平一定会超过老师。这时候遇到不会的题或新知识，几乎只能靠自己翻书和探索了。为了一道题我可能要综合百度百科、知乎、中国知网、教材、标准答案和个人思考来勾画一个清晰的思维导图，而这些信息来源有时候还会互相冲突。这也是大学科研生活的一种预演。我必须在海量的信息里浸入而不被淹没，保持清醒地辨别、挑选我所需要的信息。

❺ 学生物需要强大的内心。

❻ 参加竞赛的同学不要孤注一掷，要兼顾高考。

❼ 学习竞赛要尽量多找几个伙伴，团队的力量比个人的力量要大 得多，积极性也高得多。

❽ 尽量多讨论，多和同学、老师互动。

"梦想北大丛书"简介

  "梦想北大丛书"是北京大学招生办公室从考取北大的新生及新生家长的应征稿件中精选的佳作，书中的文章讲述了学生学习成长以及家长教育孩子的故事，主要内容包括：真实而全面的成功求学经验、学习方法改善、备考经验指南、竞赛备战方法、负面情绪调节、成长经验分享等，为广大中学生及其家长提供了学习和教育方面可供借鉴的案例。为了保证本套丛书的质量和水平，北大招生办公室组建了丛书编委会，由校领导、北大知名教授、考试专家、招生专家、招办领导等组成。丛书由北大招生办公室组织编写，北大招生办公室主任担任主编。

  经过多年的出版和发行，这套丛书已经在全国基础教育领域有广泛的影响，受到很多学生和家长的欢迎。《中国教育报》、新华网、人民网、新浪网、腾讯网、中国教育新闻网等媒体都多次报道过这套丛书，全国各地媒体还发布了大量书讯、书评和内容连载。围绕本套丛书开展的系列分享讲座在全国各地中学成功举办，取得了良好的社会效果和广泛影响。

扫码了解丛书详情

扫码了解本系列更多图书